高等财经院校商法融合系列教材

Case Study on the Practice of
Real Estate Law

不动产法案例

张　鹏 /编著

中国财经出版传媒集团

经济科学出版社
Economic Science Press

图书在版编目（CIP）数据

不动产法案例 / 张鹏编著 . —北京：经济科学出版社，

2020. 4

高等财经院校商法融合系列教材

ISBN 978 - 7 - 5218 - 1371 - 5

Ⅰ. ①不…　Ⅱ. ①张…　Ⅲ. ①不动产 - 物权法 - 高等

学校 - 教材　Ⅳ. ①D923. 24

中国版本图书馆 CIP 数据核字（2020）第 037629 号

责任编辑：齐伟娜　初少磊
责任校对：王肖楠
责任印制：李　鹏　范　艳

不动产法案例
张鹏/编著
经济科学出版社出版、发行　新华书店经销
社址：北京市海淀区阜成路甲 28 号　邮编：100142
总编部电话：010 - 88191217　发行部电话：010 - 88191540
网址：www. esp. com. cn
电子邮箱：esp@ esp. com. cn
天猫网店：经济科学出版社旗舰店
网址：http://jjkxcbs. tmall. com
北京季蜂印刷有限公司印装
787 × 1092　16 开　11 印张　200000 字
2020 年 5 月第 1 版　2020 年 5 月第 1 次印刷
ISBN 978 - 7 - 5218 - 1371 - 5　定价：36. 00 元
（图书出现印装问题，本社负责调换。电话：010 - 88191510）
（版权所有　侵权必究　打击盗版　举报热线：010 - 88191661
QQ：2242791300　营销中心电话：010 - 88191537
电子邮箱：dbts@ esp. com. cn）

前 言

2015 年以来，广东财经大学加强了经济学、管理学和法学的融合教学，这是对人才培养模式的一次改革和创新。本教材即在此背景下应运而生。

本教材运用案例教学的方法，面向社会实际发生的重大问题和冲突，将经济学、管理学和法学知识进行融合，综合多学科的理论、思维和方法来解决实际问题，从而加深学生对不动产法课程的理解，提高学生的实践能力。

不动产法案例课程建设的具体目标如下。

（1）知识方面。在学生前期修读土地法、房地产法，以理论学习为主的基础上，通过精选案例，拓展学生的理论和知识面，增加学生的信息量以及社会实践层面的知识。本教材所选案例发生在不同的不动产管理和城市管理等领域，涵盖了不动产征收、不动产交易、不动产管制等重大问题，对社会管理乃至整个社会的发展、财产权保护、社会价值观等都具有潜在的启示意义。

（2）能力和素质培养方面。理论是不断前进的，实践也是千变万化的，但能力和思维却是稳定的。本教材试图通过融合经济学、管理学和法学学科知识，通过教学、训练增强学生运用所学知识分析和解决理论与现实问题的能力，培养学生的综合性、创新性思维，提高学生的实践应用能力，培养具备实践能力与创新精神的高素质复合型、应用型人才。

（3）其他。本教材的教学目标为有目的、有重点地增强土地和房地产法的案例教学，不仅着力于提高学生对不动产管理领域有关实践问题、法律纠纷的解决能力，还着力于提高学生对所学经济学、管理学知识、理论和问题的认识和分析能力。

本教材所选案例以作者在长期研究和授课过程中所搜集的国内外典型不动产法案例为主，以相关现实社会热点问题为补充，案例选择注重理论点、知识点、社会热点相结合，适合法律、土地管理、房地产管理、城市规划、城市管理、经济管理、公共管理等相关专业教学使用，同时也适合对不动产法知识感兴趣的人士阅读。

张 鹏
2019 年 12 月

目 录

第1章

不动产的经济学和管理学理论基础 *

【**教学目的和要求**】 通过本章的学习，了解土地和房地产的特性，熟悉地租地价理论，掌握土地、房地产市场特性及其管理的基本理论，为案例学习奠定经济学和管理学基础。

1.1 土地及其市场特性

1.1.1 概述

1. 土地的自然特性

（1）位置的固定性。这和土地的不可移动性相关，而普通商品如汽车、手机、面包等都是可以在空间上移动的。（2）质量的差异性。不同的土地质量差异较大，如长三角地区的农地和新疆某沙漠戈壁的土地质量差异大。（3）不可再生性。土地不能用资本和劳动力制造出来，且部分土地一旦破坏，具有不可逆性。（4）效用永续性。使用得当，土地可以一直使用下去，不会产生折旧，尤其是农地。（5）面积有限性。

2. 土地的经济特性

（1）供给的稀缺性。土地具有多种功能，对应着人类多种需求，如居住、生产、休闲观光、野生动物栖息地等，这些需求在特定土地上是具有竞争性的。同时，相对于需

---

* 参见张鹏：《从土地征收到土地准征收：原理和政策》，科学出版社 2018 年版。

求，供给是稀缺的，这是土地价格来源的最重要的原因。（2）垄断性。稀缺性、不可移动性等共同导致土地具有垄断性，即供给者在其中处于垄断地位。（3）土地利用多方向性。土地用途往往是多种多样的，但一般在政府规划的限制下，只有有限的用途。（4）边际收益递减性。由于"土地报酬递减规律"的存在，在技术不变的条件下对土地的投入超过一定限度，就会产生边际报酬递减的后果。（5）土地增值性。在土地上追加投资的效益具有持续性，并且随着人口增加和社会经济的发展，对土地的投资具有显著的增值性。（6）土地利用外部性。土地使用得当，会对周围土地产生正外部性；反之，产生负外部性。外部性是导致需要政府适度干预土地利用及市场的重要原因。

土地作为稀缺要素，历来是经济学的研究领域，经济学重视研究稀缺资源在使用时的时空配置及不同用途间的选择问题。配置效率的高低，或者资源使用后的产出效率和效益是衡量土地使用是否合理的重要指标。然而，土地配置效率的定量却很难，主要原因在于：一是土地不是纯粹的资源，它还是资产；二是土地不是普通的生产要素，它还能和情感、文化等结合从而具有非市场可衡量的价值；三是土地是异质性的商品，这和劳动力相似，与资本不同。

1.1.2　供求曲线

如图 1-1 所示，土地需求曲线（D）一般情况下是向右下倾斜的，但在价格快速上升期且投资旺盛时，作为投资性需求却是向右上倾斜的，即价格越高，需求越高；从供给曲线（S）看，一般商品的供给曲线是向右上倾斜的，因为商品在空间上可以自由移动，但土地是不可以移动的，土地市场具有区域性，特定时间和地区的供给是有限的，此时其供给曲线是垂直和无弹性的。当然，从中长期看，由于土地经济供给的增加（如政府增加地块容积率，或企业增加土地使用强度），以及用途转换而增加供给，此时供给曲线是向右上方倾斜的，即市场价格越高，市场供给越多。更多土地所有者愿意拿出土地来交易，否则，他们宁愿持有土地，此时土地不能构成有效供给。

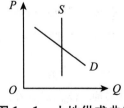

图 1-1　土地供求曲线

一般来说，土地的供给弹性是较小的，受地方政府掌控土地的影响是其中一个原因。供求曲线的交叉点决定了均衡价格和数量。

1.1.3　政府对土地市场的干预

土地市场是配置土地资源的基础性手段，因为市场具有信号发现机制，可以提高交易频率，快速对市场信号产生反应。但土地的独特性使其单独靠市场机制很难克服市场失灵问题。这些特性主要包括以下三个：（1）不可移动性；（2）外部性；（3）是公共品供给需要的载体。

政府干预不动产市场是全球现象。规划、分区管制等都是常用工具。规划管制被认为是政府拥有的一项合法的警察权，但政府行使这项权利时必须考虑资源配置的帕累托效率。政府的管制如果可以用强度来定量的话，它是一个连续的变量。合理的强度将使社会福利最大化。

1.1.4　土地市场结构

市场结构是指一个行业内部买方和卖方的数量及其规模分布、产品差别的程度，以及新企业进入该行业的难易程度的综合状态，也可以说是某一市场中各种要素之间的内在联系及其特征，包括市场供给者之间、需求者之间、供给者和需求者之间，以及市场上现有的供给者、需求者与正在进入该市场的供给者、需求者之间的关系。市场结构类型有完全竞争、完全垄断、垄断竞争和寡头垄断四种。城市土地市场是典型的完全垄断市场结构，尤其是一级市场。二级市场则具有垄断竞争的市场结构特点。

1.2　地租地价理论

在新古典经济学理论下，地租分为经济租和契约租。经济租是经济学意义上的地租，而契约租是市场参与者签订的租金。地租的数量在短期主要受需求端的影响，由于供给固定，所以需求越强烈，地租越高。

地租的创造是资本和劳动力参与的结果，本质上是一种剩余，是所得扣除资本、劳动力的回报后的剩余。一块闲置的土地是没有契约租的，也不存在经济租，因为经济租是契约租的一部分（特殊情况下，后者数量上甚至可大于前者）。经济租只具有创造租金的潜力。从生产要素和社会经济生产过程来看，地租的创造必须和资本、劳动力相配合。

地租的资本化构成地价。地价理论的一个视角是：将未来的地租资本化到现在时点后的加总就是地价，这是收益还原的思路。另外一个视角是：地价是供求双方均衡时的价格，一个愿意买、一个愿意卖，这是市场交易的思路。这两个思路从不同视角揭示了地价的本质，前者属于需求端视角，后者属于供求平衡视角。

1.3 土地发展权理论

　　土地发展权是土地拥有的为法律法规所认可的转换为不同用途的权利。认识土地发展权，必须从土地使用管制谈起。土地管制是国家公权力，那么再认定土地发展权也属于国家就不合理了（对集体土地而言）。土地使用管制主要是政府对土地用途及其变更施加的限制，并对土地财产所具有的权利内涵给予界定。

　　土地发展权是一个权利体系。一是基本土地发展权。往往在综合规划的指导下，明确社会所需要达成的目标，政府通过明确或隐含地给土地施加一个管制强度，赋予每一块土地一个基本的发展权利，并制定使用的规则。规则和强度依据地块区位、现状利用类型、外部性大小等因素的不同而不同。二是超额土地发展权。如果土地所有者在基本土地发展权内容的基础上，试图向政府申请变更管制强度，超过法定权利，扩大发展权利，那么变更前后的发展权即为超额发展权，超额发展权常常不需要变更土地用途。它应该掌握在政府手中，通过协商达成一致（如绩效分区或包含性分区等）、修改规划或课征税费（如影响费）等方式，有条件地向发展权需求者转移。超额土地发展权相当于原土地所有者向政府索取的新的土地开发权利。超额土地发展权与基本土地发展权有较大的区别，因为按照上述管制强度原理，政府对土地赋予了某个"合理的"管制强度和基本发展权利，在这个基本权利之上的权利不应该属于土地权利人所有而应该移交给政府所有（甚至可以出售），作为一种公共资源，实现公共产品供给、全体公民福利提升等目标。超额发展权可作为土地政策和规划政策的工具。三是虚拟土地发展权。一般有三种基本情况可创造出虚拟的发展权：土地的现状利用强度小于法定的或基本的使用强度；土地被迫保持使用现状，失去再发展机会（如保护特定历史建筑和文化区），政府出于向该土地所有者利益补偿的需要；从较高的现状利用强度（一种基本发展权状态）转到较低的利用强度（另外一种基本发展权状态）。这是一种可交易的发展权（TDR），深刻体现了政府和土地所有者间的协商和妥协，以及政府出于历史文化保护和生态等社会目的，通过规划、供给、补偿等工具对土地利用的深度参与。虚拟发展权和超额发展权比较类似，都是两种管制强度之差而形成的权利，都有需求者和供给者。不过，虚拟发展权的供给者是土地使用者或所有者，而超额发展权的供给者是政府。要注意的是，虚拟土地发展权建立在管制的基础上，配合以计划和指标等手段，在我国成都、重庆等不少地方已经被广泛使用。其基本原理是：将一个地区设为发展权输出区，其开发权利

"向下减少"，如宅基地复垦为耕地，这样就制造出发展权指标；另外一个地区为指标接受区，由于接受区开发总量指标不够，这样买回的指标就获得了土地发展权，从而实现落地开发。这和美国实行的 TDR 非常类似，本质上是发展权的交易。

1.4 房地产及其市场特性

1.4.1 房地产的特性

狭义的房地产一般是指土地及附着在土地之上的构筑物整体。房地产和一般商品比较起来，具有显著不同的特性：（1）和土地一样，具有不可移动性。（2）特定位置的供给有限性。特定位置土地的自然供给是有限的，在其之上的房屋建筑在一定程度上是可以增加的，即经济供给可以增加，但是受到城市规划的限制，为防止过度拥挤造成的负外部性发生，不可能无限制增加，所以其供给是有限的。（3）特定位置房地产的稀缺性。不可移动性和供给有限性共同作用，使特定位置房地产的供给相对于需求是稀缺的，这进一步使其价格主要取决于需求端。例如，城市中央商务区、地铁沿线、江湖海畔、公园或好学校周边等房地产的稀缺性非常明显。（4）房地产的异质性。世界上绝无两个同样的房地产商品。房地产商品具有三方面特征：一是物质性，包括结构、成新、朝向、面积、楼层、占地面积等；二是可及性，主要是指房地产所处的位置及其交通可及性；三是社区特征，如邻居构成、服务设施、公共设施等。因为房地产的内部构成元素众多，差异性比较强，这和普通商品的同质性和可替代性强形成鲜明的对比，但这也给商品定价带来困难。（5）高价值性。房地产产品在某些城市的局部地段总价格很高，在购买时常需要借助金融工具，如贷款。（6）用途多样性。部分房地产产品可在法律限度内改变用途，如住宅有时可变为商铺，写字楼可变为酒店、公寓。（7）长期使用性。一般房地产产品可使用 40 年以上，如果维护得当，可使用 100 年以上。（8）投资风险性和保值增值性。① 房地产的高价值、

---

　　① 在衡量投资品的时候，进行比较的主要特征是流动性、风险性、收益率。房地产的流动性是最差的，因为它在物理上就是固定资产，而交易成本又较高。房地产的收益率不错，通过出租获得的报酬率一般都高出银行存款利息或股票的分红，通过转卖获得的差价更是十分可观。而房地产的风险性是一个比较模糊的概念，由于它不是虚拟资本，本身具有消费价值，所以不可能像股票那样成为废纸，也不会像货币那样遭受通货膨胀时的贬值或面临银行倒闭造成的损失，所以，应该说房地产的风险性是比较低的，但是其价格又确实存在较明显的波动现象。房地产的另一个性质则是让人容易忽视其风险性的原因，即房地产价值包含其所属范围土地的价值，而不可再生的土地随着人口的不断增长，其价值从长期看总是增加的。最差的流动性、不错的收益率，以及模糊的风险性，这样一种不算太诱人的特征组合却是最普遍被持有的投资品，那是因为房屋真正的好处在于，当你住在里面享受其消费价值的同时并不影响投资功能的实现。所以，当一个富翁购买一处奢华豪宅的时候，尽管他真正用来睡眠的空间也就几平方米，宽敞的厨房可能很少使用，却没什么可过多指责的，因为超过一定的必需程度后，房屋更多执行的就不是消费功能，而是投资功能。这种身兼两角的特点对消费或投资者来说当然是好事，但对经济学的理论分析却更像是一个灾难，至少是一个严峻的挑战（朱喆，2005）。

持有成本以及房地产市场的波动带来较高的投资风险。投资风险主要和一国（一个城市）所处的房地产发展阶段、购入时机、使用的金融杠杆、投资物业类型等相关。但这种风险又和保值增值性相关。在一国房地产繁荣或者平稳阶段，房地产投资可给投资者带来稳定的现金流或增值差额。（9）难以变现性。一般房地产产品变现的时间较长，如出售一个普通住宅从发起叫价到产权登记完成，常需 2 个月乃至更长时间。另外，交易成本高，交易时要付出契税、所得税、印花税、增值税等税费，还有房地产交易中介费、律师费、银行服务代理费等，一般这些费用占房地产交易价格的 9% 左右，国外则在 10% 以上。（10）外部影响性。房地产产品之间的毗邻性以及业主在房地产产品里从事的活动有可能对周围居民或其他人造成不利影响或有利影响，如工业物业可能造成污染、商业物业可能带来周边交通的拥挤等。（11）使用限制性。房地产产品是所有商品中，在生产和使用等环节受到政府干预和管制最多的商品之一。（12）一定的公共性。房地产产品的获得以市场交易为主，但由于住房关系到公民的健康、安全感、后代教育、国家忠诚感、幸福感、个人守法等因素，这些因素都具有巨大的社会价值，所以一国政府常常对难以负担得起住房的公民或家庭给予廉租房、公租房、住房券等住房支持，在这个意义上，住房是具有公共性的。

认识房地产产品的这 12 个特性，对于了解房地产市场运行规律和制定国家房地产政策、住房政策等具有重要作用。

1.4.2 房地产市场的特性

房地产市场的主要角色有需求者、供给者、管理者和中介服务者。对需求者而言，他们手中的货币就是购买房地产的权力。他们及其家庭特征、家庭所处的生命周期、收入和财富、消费偏好、融资能力等是影响需求的主要因素。对供给者，主要是开发商而言，其土地获得和融资能力、企业管理水平、企业信用和品牌等是影响供给的主要因素。对政府这个管理者而言，城市规划、对土地市场的控制、对房地产生产和销售等环节的干预程度对房地产开发的影响是很大的。从历史经验来看，政府的信贷和限购等调控措施对购买行为的影响也很大。另外，房地产市场中介的发育程度对市场的健康也具有积极的推动作用。

和普通商品不同，房地产产品的生产周期是较长的，从前期研究到拿到预售证，一般会超过 1 年时间，大型的楼盘开发周期可超过 10 年。尤其是关键的土地掌握在地方政府手中，拿不到土地，开发商无法开展房地产开发，即使拿到土地，也要马上进行长期的各种建设许可和设计过程，所以房地产的供给具有滞后性。另外，房地产的异质性还导致不同城市之间和城市不同区位之间、不同物业类型之间和市场需求的错位，从而产生非均衡性。朱喆（2005）对此有所论述，[①] 他认为，房屋是最复杂的商品，兼具消费品和投资品特征：（1）房屋作为消费品具有很多传统经济理论分析框架所不具有的特征，如果说其他商品也会体现出一两种这些特征的话，那么房屋就是其中的集大成者，所有这些特征不折不扣都体现在房屋上。（2）房屋同时还是少数几种既是消费品又可充当资本品的商品，其供求和价格会受到金融市场的巨大影响，而这种双重身份本身也是一般理论分析所尽量回避的。（3）房屋的供给，尤其在城市，本身受到土地要素的制约和政府的管制，同时也具备了很多传统经济理论所不具有的特征。（4）房地产市场中的供求与价格广泛涉及政府的各项政策，并与一个国家或地区的宏观经济联系紧密，可以说，作为单类产品，房屋是政府干预度最高的。正是因为这四个方面的复杂性，使对房产的分析经常需要单独采取不同于一般传统理论假设的工具，在对新古典经济模型加以拓展的前提下才能进行。

另外，美国学者 K. 凯斯（K. Case，2010）认为房地产市场的特征还有[②]：（1）房地产市场是个大市场，其交易额占 GDP 的比例对国家经济和家庭财富等方面的影响都是很重要的。（2）其行为有显著的区域性，是一个区域性市场，这和土地市场是类似的。（3）住房市场是复杂的，其市场价格很难测量。或者说，一个房地产产品的价格不会具有唯一性，不同的消费者对其出价是不同的。（4）房地产是货币政策的通道。主要表现在住房市场驱动经济，同时经济驱动房地产市场。在很多市场中，供给的响应速度滞后于需求冲击。（5）房地产价格具有黏性。尤其是在房地产市场下行时，供给会产生反应，减少供给量，有利于市场出清，从而减缓价格下降的程度，即市场会对价格产生主动的反应。（6）住房价格不是随机过程，具有惯性。（7）住房市场高度补贴，这在美国表现明显。（8）人口统计特征对房地产市场十分重要，如婴儿潮、家庭规模、人口出生率等对房价的影响是基础性的。

本章小结

土地和房地产产品具有特性，和普通商品有较大的差异，这导致不动产市场也非常特殊。掌握这些经济学理论对于法理和管理学视角的实践问题分析非常重要。不动产市场天然具有一定的垄断性，其市场结构也比较特殊，这就要求政府对其的管理要增加竞

---

① 房屋所具有的上述几个特点结合在一起，就产生了一个新问题：房屋市场的动态非均衡性。这种非均衡以两种形式存在：一种形式是数量意义由滞后调整造成的非均衡；另一种形式则是特征意义不匹配造成的非均衡（朱喆，2005）。

② 作者根据 K. 凯斯 2010 年在北京大学的演讲资料整理。

争性而非垄断性。

关键术语

自然特性　　经济特性　　市场结构　　土地发展权　　地租　　经济租　　契约租

复习与思考

1. 为什么土地和房地产市场是一个不完全竞争市场?

2. 地租是由什么因素决定的?

3. 为什么世界各国政府普遍会干预不动产市场?

第2章

中国征地程序及补偿纠纷案例

【教学目的和要求】 熟悉征地补偿程序，了解行政复议和诉讼法有关基本规定和程序，掌握调处、裁决、复议、诉讼等几个征地过程中保护被征地农民利益的途径、程序性权利和行政（司法）行为的性质。

2.1 概 述

征地纠纷案件是近30年来中国最常见和最棘手的案件，影响农民权益和社会稳定。征地纠纷的导火索主要有二：一是征地补偿标准；二是正当程序的瑕疵。下面列出一些公开的中国的典型案件加以分析。

2.2 典型案例

2.2.1 征地补偿标准争议行政裁决的司法审查[①]

原告：戴某琴等8人。

被告：江苏省人民政府。

第三人：江苏省镇江市人民政府。

[①] 蔡霞、朱嵘：《征地补偿标准争议行政裁决的司法审查》，载于《人民司法》2010年第16期，第107～111页。

2002～2005 年，镇江市人民政府经江苏省人民政府批准，分若干批次对镇江新区大港镇的集体土地进行征收，戴某琴等 8 人（共 5 户）的房屋及承包地均在征收范围内。因对征地补偿标准有争议，经镇江市政府协调未果，戴某琴等人于 2008 年 1 月 10 日依据《中华人民共和国土地管理法实施条例》（以下简称《土地管理法实施条例》）第二十五条第三款的规定，向江苏省政府提出裁决申请，请求：（1）公开征地及拆迁补偿安置方案和标准；（2）撤销不合法的补偿安置标准，责令镇江市政府依法重新确定补偿标准。

江苏省政府于 2008 年 4 月 16 日作出裁决决定（以下简称"1 号裁决"），认定：以《省政府关于调整征地补偿标准的通知》和《江苏省征地补偿和被征地农民基本生活保障办法》所规定的补偿标准计算，除汪某福户均为城镇居民户口且无承包责任田故不属于安置对象外，戴某琴等其余 7 人基本生活保障个人账户中的补偿数额已经超过其应得的土地补偿费和安置补助费，符合上述规定的补偿标准；戴某琴等人的涉案房屋均由房地产评估机构进行评估，评估价款符合《镇江新区集体土地房屋拆迁安置暂行办法》及其配套文件；申请人对青苗补偿标准均没有异议，并已签字领取了相关的青苗补偿费用。镇江市政府确定的征地补偿标准符合江苏省政府和镇江市政府的相关规定，根据《江苏省征地补偿安置争议协调裁决办法》第二十五条第一款第（一）项的规定，决定予以维持。

戴某琴等人不服该裁决，向江苏省政府申请行政复议。江苏省政府经复议，作出行政复议决定书，决定维持原裁决。戴某琴等人仍不服，遂以江苏省政府为被告，向江苏省高级人民法院提起行政诉讼。江苏省高级人民法院立案后，裁定将该案移交江苏省扬州市中级人民法院审理。

戴某琴等人诉称：（1）江苏省政府裁决标的错误。裁决标的不应是每个被征地农民实得或可得的总金额，而应是征地方案中的补偿标准。且 1 号裁决遗漏申请事项，没有对汪某福等人获得补偿安置的资格进行认定，还遗漏了审查原告请求裁决机关公布补偿安置方案的申请。（2）该 1 号裁决认定征地补偿安置方案合法缺乏事实依据，且补偿标准过低，不能满足失地农民的生存需要。征地行为发生时，宅基地补偿价的标准及计算规则既未在征地程序中向被征收人披露，也未在裁决过程中予以说明，裁决机关仅列明每户原告的补偿款，即认定均符合《镇江新区集体土地房屋拆迁安置暂行办法》及其配套文件所规定的标准，缺乏事实依据。（3）江苏省人大制定的《江苏省土地管理条例》，将征地补偿费用的具体标准授权设区的市人民政府制定，是将全国人大常委会授权的事项，转授权给设区的市人民政府，违反了立法法的相关规定。因此，镇江市人民政府根据省人大的授权制定的《镇江新区集体土地房屋拆迁安置暂行办法》及镇江市政府办公室制定的《镇江新区集体土地房屋拆迁安置实施细则》等规范性文件，不具有法律效力，不能作为集体土地房屋拆迁安置补偿的法律依据。请求法院依法撤销 1 号裁决，并责令被告重新作出裁决。

江苏省政府辩称：（1）裁决应审查各申请人补偿数额是否符合江苏省政府规定的补偿标准。镇江市人民政府在征地报批过程中，其征地方案已经江苏省政府批准，裁决对补偿标准进行审查没有意义。根据《土地管理法实施条例》第二十五条规定，裁决机关有权对征地补偿方案中的补偿标准争议作出裁决，但无权对申请人提出的征地补偿活动中的其他程序性事项作出裁决，原告认为裁决遗漏重大事项缺乏法律依据。（2）2004年江苏省实施新的征地补偿标准后，镇江新区政府依据新的补偿标准对 2001 年以后发生的征地补偿费用重新进行了核算，并按调整后的土地补偿费和安置补助费对申请人（除汪某福不属于安置对象外）予以足额支付，符合《省政府关于调整征地补偿标准的通知》和《江苏省征地补偿和被征地农民基本生活保障办法》所规定的标准。被告据此作出的裁决认定事实清楚，程序合法。（3）根据地方法规《江苏省土地管理条例》第二十六条第三款规定的授权，镇江市人民政府有权对征用土地的补偿标准作出具体规定，因此《镇江新区集体土地房屋拆迁安置暂行办法》及其配套文件可以作为被告裁决的依据。请求法院维持 1 号裁决。

审判结果：江苏省扬州市中级人民法院经审理认为，被诉 1 号裁决事实清楚、适用法律正确、程序合法，并未侵犯原告的合法权益。经审判委员会讨论决定，依照最高人民法院《关于执行〈中华人民共和国行政诉讼法〉若干问题的解释》（以下简称《若干解释》）第五十六条第四款规定，法院作出一审判决，驳回原告要求撤销 1 号裁决并责令被告重作的诉讼请求。

戴某琴等人不服一审判决，向江苏省高级人民法院提起上诉。

江苏省高级人民法院二审认为：《土地管理法实施条例》第二十五条第三款规定，对补偿标准有争议的，由县级以上地方人民政府协调；协调不成的，由批准征用土地的人民政府裁决。本案中，涉案土地的征用方案已经江苏省政府批准。但由于镇江市政府实施征地行为的持续时间较长，征地批次繁多，且期间江苏省政府对征地补偿标准进行了调整，因此，镇江市政府对 2004 年以前批准征地项目的补偿安置没有按照原有标准执行。征地补偿安置方案中确定的补偿标准，最终都要通过补偿数额的计算落实给被征地农民，而江苏省政府在审查镇江市政府给戴某琴等人的补偿数额是否合法方面必然要涉及征地补偿安置方案中确定的补偿标准。因此，江苏省政府对镇江市政府确定给上诉人戴某琴等人的征地补偿费用是否符合法定补偿标准进行裁决，并无不当。上诉人提出的责令镇江市政府公开征地及拆迁补偿安置方案和标准这一申请事项，不属于裁定的范围，故江苏省政府不予处理亦无不当。另经查，1 号裁决已经认定汪某福户为城镇居民户口，无承包责任田，不属于安置对象。故上诉人认为裁决对汪某福等人未被列入安置人口的事实未作处理的上诉理由不能成立。

根据《江苏省征地补偿和被征地农民基本生活保障办法》第十四条规定，被征地农民基本生活保障资金专户由被征地农民基本生活保障个人账户和社会统筹账户组成。安置补助费和不低于 70%的农用地的土地补偿费进入个人账户。江苏省政府依据《省政府关于调整征地补偿标准的通知》和《江苏省征地补偿和被征地农民基本生活保障办法》规定标准，计算出戴某琴等人应得的补偿数额，而戴某琴等人基本生活保障个人账户中土地补偿费和安置补助费的实际补偿数额已经超过了其应得的补偿数额，因此，镇江市政府确定给上诉人戴某琴等人的征地补偿费用符合法定补偿标准，裁决维持镇江市政府的补偿标准没有侵犯其应得利益。

根据《江苏省土地管理条例》第二十六条第三款的规定，土地补偿费、安置补助费、地上附着物和青苗补偿费的具体标准，由设区的市人民政府确定，并报省人民政府备案。因此，镇江市政府有权制定《镇江新区集体土地房屋拆迁安置暂行办法》及其配套文件。本案中，戴某琴等人对青苗补偿费没有异议并已签字领取；对地上附着物（即房屋）的补偿，已由相关评估公司依据《镇江新区集体土地房屋拆迁安置暂行办法》及其配套文件进行了评估，故镇江市政府依据上述规定对戴某琴等人的房屋进行补偿是正确的。

据此，江苏省高级人民法院依照行政诉讼法第六十一条第一款的规定，判决驳回上诉，维持原判。

1. 法理分析

近年来，由征地引发的行政争议整体呈上升趋势，其中大部分是由补偿安置问题引起，如得不到及时、妥善的处理，极易引发群体事件或极端事件，影响社会稳定和经济发展。根据《土地管理法实施条例》第二十五条第三款规定建立的征地补偿协调和裁决机制，在征地行政争议的化解工作中正日益发挥越来越重要的作用。

征地补偿协调和裁决机制的建立，最直接的法律渊源是《土地管理法实施条例》第二十五条第三款。为方便表述，对批准征用土地的人民政府依据上述规定对补偿标准争议作出的行政裁决，均简称为"征地补偿裁决"。但当前对此类裁决的法律性质、裁决范围、裁决效力等，仍存在较大争议。此类裁决被提起行政诉讼后能否受理、如何审理，也是人民法院行政审判所面临的难题之一。甚至不少人认为该规定难以起到实质性保护农民利益的效果。

行政行为的法律属性决定其是否属于行政诉讼受案范围以及人民法院对其进行司法审查的思路和方法。对征地行政裁决的法律属性，行政执法部门、人民法院和行政法学者尚未形成统一认识，主要存在以下三种不同意见。

第一种意见认为，征地补偿裁决是一种对抽象行政行为的审查。其主要理由为，征地补偿裁决的对象是集体土地。而根据《中华人民共和国土地管理法》（以下简称《土地管理法》）和《土地管理法实施条例》的规定，征地中的补偿标准是指由有权机关制定并可以在一定地域内针对不特定对象反复适用的标准，且通常以规范性文件的形式发布，故应属于抽象行政行为。故对补偿标准作出的裁决，其实质是一种对抽象行政行为的审查行为。该意见据此认为，由于抽象行政行为不属于行政诉讼受案范围，因此，征地补偿裁决同样也不可诉。

第二种意见认为，征地补偿裁决是一种行政复议行为。其主要理由为，根据《土地管理法实施条例》第二十五条中关于征地补偿安置程序的具体规定，综合该条三款内容的前后逻辑关系和相关法律制度来理解，这里规定的补偿标准争议，与有关补偿标准的立法规范及抽象行政行为的争议无关，而是指有关市县政府征地补偿安置方案对相对人确定的具体补偿数额。不服这种补偿标准的争议，显然是对具体行政行为不服的行政争议。根据我国的法律救济制度，对具体行政行为引起的争议，应当通过行政复议和行政诉讼的渠道解决。其中，上级行政机关依据相对人申请对具体行政行为进行的审查裁决，性质上就是行政复议。而且，《中华人民共和国行政复议法》（以下简称《行政复议法》）的实施晚于《土地管理法》和《土地管理法实施条例》，故征地补偿裁决的程序和效力亦应适用《行政复议法》，人民法院亦应依照《行政复议法》对征地补偿裁决进行司法审查。

第三种意见认为，征地补偿裁决是一种独立的征地纠纷解决机制。该意见与第二种意见的相同之处，是同样认为《土地管理法实施条例》第二十五条第三款所规定的补偿标准并非抽象行政行为。但该意见认为，此处的补偿标准是特指征地补偿、安置方案中确定的在具体征地项目中适用的具体补偿标准。这种补偿标准虽然在某一征地项目中可以反复适用，但由于征地范围和补偿安置对象范围已经确定，因此并不属于抽象性行政行为。行政相对人对此不服可以依法直接提起行政复议或行政诉讼，也可以先通过征地补偿协调和裁决这种独立的纠纷机制寻求救济，再对裁决提起行政复议或行政诉讼。

本案中，法院采纳了第三种意见。

2. 征地补偿裁决法律属性辨析

产生上述不同意见的主要原因，在于对征地补偿裁决对象和程序的不同理解。依据《土地管理法实施条例》第二十五条第三款，征地补偿裁决的对象是"补偿标准"争议。征地"补偿标准"的概念在《土地管理法》第四十七条第三款、第四款以及《土地管理法实施条例》第二十五条第一款、第三款等法律条文中反复出现，但其含义并不完全相同。

《土地管理法》第四十七条第三款、第四款等条文规定的补偿标准，系指由省级政府确定，通常以规范性文件方式公布，在一定省域内针对不特定征地项目和补偿安置对象、可反复适用的补偿标准，应属抽象行政行为。与此概念含义相同的是《土地管理法实施条例》第二十五条第一款规定的征用土地方案公告中的征地补偿标准。由于此时征地补偿安置方案尚未确定，因此，该条款中的补偿标准通常也是指省级政府确定的补偿标准。

《土地管理法实施条例》第二十五条第三款中作为裁决对象的补偿标准，如果仅从文意理解，很容易与上述条款中的补偿标准混同。但如果结合法条整体、立法原意进行解释，则可以发现此处的补偿标准有其特殊含义。首先，对该类补偿标准发生争议，可由县级以上政府协调，而下级政府显然无权对省级政府作出的抽象性行政行为进行协调。其次，依照《土地管理法实施条例》第二十三条的规定，征收土地方案应当由有批准权的人民政府批准，而征地补偿标准是征收土地方案的重要内容。如果将《土地管理法实施条例》第二十五条第三款规定的补偿标准理解为征收土地方案中的补偿标准，则将出现经过有权人民政府批准的补偿标准，发生争议后仍然由同一主体进行裁决的情况，显然，这在法理上是不能成立的。

而第二种意见认为，此处的补偿标准就是指对被征收人确定的具体补偿数额的观点同样不能成立。首先，无论采用何种法律解释方法，都不应过度偏离法律概念的基本文意，而标准与数额两词在基本文意上相差过远。其次，从目前的行政征收实践看，征地补偿、安置方案中通常不会明确规定每个被征收个体的具体补偿数额和方式，征地实施机关通常是以政府与农户逐一签订征地补偿安置协议、签署补偿安置确认书等方式最后确定对每个被征收人的具体补偿数额和方式。因此，在征地补偿、安置方案公布后，就直接对具体补偿数额进行协调和裁决显然无从谈起。最后，有权作出征地补偿裁决的机关系批准征地的人民政府，而目前仅有省级以上政府才有批准征地的权力。另外，征地涉及的农民数量众多，往往一个征地项目就涉及成百上千户，其中即使只有极少部分被征收人对具体补偿数额争议申请裁决，也会有大量纠纷直接涌向省级政府甚至中央政府。这必然造成省级以上政府不堪重负，也严重偏离了把矛盾化解在基层、化解在当地的基本方向。

因此，对《土地管理法实施条例》第二十五条第三款中补偿标准的恰当理解和定位，是将其限定于在征地补偿、安置方案中确定的，在具体征地项目中适用的具体补偿标准。作为征地批准机关的省级以上政府，通过对此类补偿标准的审查，监督征地实施机关再针对某一具体征地项目中的所有被征收人确定合法、合理的具体补偿标准。

明确了作为征地补偿裁决对象的补偿标准的含义，就可得出第一种意见不能成立的结论。在此基础上，再对征地补偿裁决的程序进行分析，可以进一步判明，第二种意见认为征地补偿裁决属于行政复议的观点也不能成立。首先，有权作出征地补偿裁决的机关系批准征用土地的人民政府，这与《行政复议法》对复议机关级别管辖的规定不符。其次，在裁决之前还设定有"由县级以上地方人民政府协调"的必经程序，这在《行政复议法》中也没有规定。值得注意的是，国土资源部在《关于加快推进征地补偿安置争议协调裁决制度的通知》中，就曾明确"协调裁决不对经依法批准的征地合法性进行审查，不代替行政复议和诉讼"，并强调"当事人对裁决机关做出的裁决决定不服的，可以在法定期限内依照行政复议法和行政诉讼法的有关规定申请行政复议或者提起行政诉讼。裁决决定中应当告知当事人诉权"。国土资源部有关负责人在就征地补偿安置争议裁决制度答记者问中也指出，"裁决制度作为一项具有自身特点的专门的纠纷解决制度，是行政复议所无法取代的"。一些地方规范性文件对此也有明确规定，如江苏省人民政府办公厅发布的《江苏省征地补偿安置争议协调裁决办法》第二十八条就规定："对裁决决定不服的，可以依法申请行政复议或者向人民法院提起行政诉讼。"

3. 对征地补偿裁决进行司法审查的若干具体问题分析

（1）如何审查补偿标准是否合理合法。裁决机关审查征地补偿、安置方案中确定的在具体征地项目中适用的具体补偿标准是否合法合理，通常可采用两种方式。一种方式是将征地补偿、安置方案中的补偿标准与省级政府制定的补偿标准进行比对。实践中，一些省级以下地方政府以地方规章或其他规范性文件的形式，自行制定了可反复适用于本辖区的补偿标准，并在征地补偿、安置方案中直接套用上述标准。在此情况下，裁决机关应在裁决中附带对上述规范性文件进行附带性审查，即通常所说的审查"县标"是否符合"省标"。人民法院在审查征地补偿裁决的合法性时，也应依照《中华人民共和国立法法》和最高人民法院《关于审理行政案件适用法律规范问题的座谈会纪要》的规定，在审查上述规范性文件是否合法有效后，对其能否作为征地补偿裁决的依据进行判定。另一种方式是将裁决申请人实得的补偿数额与其依法应得的补偿数额进行比对，进而逆向推导出征地补偿、安置方案中的补偿标准是否合法。在省级政府规定的征地补偿标准或征地补偿、安置方案确定的补偿标准不明确的情况下，可采用这种方式。

（2）裁决申请人是否具有获得安置补偿的资格属于裁决范围。国土资源部《关于加快推进征地补偿安置争议协调裁决制度的通知》和《江苏省征地补偿安置争议协调裁决办法》均未明确对此作出规定。但判定裁决申请人是否具有获得安置补偿的资格，显然是确定其是否应当获得补偿的先决条件，否则征地补偿争议便无从谈起。此外，一些具体补偿标准系按数人头的方式确定，确定哪些人具有获得安置补偿的资格，对确定具体补偿标准至关重要。因此，征地补偿裁决应对裁决申请人是否具有获得安置补偿的资格予以审查。且当前农村集体组织成员的身份问题情况较为复杂，对外嫁女、入赘男以及因在大中专以上院校就读、服义务兵役、劳改劳教等原因而临时迁出户口的人员等是否属于需安置补偿人员，实践中认识尚不统一，有必要通过征地补偿裁决解决由此引发的争议。本案中，申请人之一的汪某福户已转为城镇居民户口且无承包责任田，虽因其房屋在被征收土地上应予补偿，但不应享受作为农村集体经济组织成员才享有的土地补偿费和安置补助费。1号裁决对此进行了审查并作出认定并无不当。

（3）征地实施中的程序性行为是否属于裁决范围。根据《土地管理法实施条例》第二十五条第三款的规定，我国设立征地补偿裁决制度的主要目的，是通过裁决保障被征收人的实体权益。尽管征地实施过程中的一些程序性违法行为可能会对被征收人的实体权益造成影响，但征地补偿裁决对象的特定性决定了征地补偿裁决并非一种万能的救济途径。国土资源部《关于加快推进征地补偿安置争议协调裁决制度的通知》也明确规定，"协调裁决不对经依法批准的征地合法性进行审查"。因此，本案中，江苏省政府对戴某琴等人提出的责令镇江市政府公开征地及拆迁补偿安置方案和标准这一申请事项不予处理，符合相关规定和征地补偿协调和裁决制度的立法原意。

《土地管理法实施条例》第二十五条第三款中规定的补偿标准，系指征地补偿、安置方案中确定的适用于某一具体征地项目中所有被征收人的具体补偿标准；行政机关对此补偿标准争议作出的裁决并非行政复议行为，但属于行政诉讼的受案范围；人民法院在审查裁决合法性的同时，可对有关申请人是否具有获得安置补偿的资格、实得的具体补偿数额是否符合法定标准等内容进行附带性审查，但不对征地行政行为的合法性进行审查。

4. 小结

一般而言，省级政府是征地方案的批准方，也是征地补偿标准的制定方，具体补偿标准和数额往往由发起征地的市（县、区）政府决定。农民通常会对市（县、区）的补偿标准提出异议并要求协调，但实际上，协调的效果不佳，很难满足农民的诉求，这就需要省级政府的裁决，省级政府很难否定自己批准的征地方案。

《中华人民共和国行政诉讼法》的修改将为改变裁决效果不佳局面和维护农民利益提供帮助。根据 2014 年 11 月 1 日发布的《全国人民代表大会常务委员会关于修改〈中华人民共和国行政诉讼法〉的决定》（自 2015 年 5 月 1 日起施行）第五十三条规定：公民、法人或者其他组织认为行政行为所依据的国务院部门和地方人民政府及其部门制定的规范性文件不合法，在对行政行为提起诉讼时，可以一并请求对该规范性文件进行审查。前款规定的规范性文件不含规章。此时，如果农民对裁决方决定不服，可以提请法院对地方政府的有关补偿标准文件进行公开和审查。

《土地管理法实施条例》所规定的裁决本意是设定程序，保护农民合法利益，所以，法官的解释符合法律原则。如果将其解释为抽象行政行为，那么很可能实质上剥夺有关群体的诉讼权利。2019 年 8 月，中国颁布了修订后的《中华人民共和国土地管理法》，该法的配套实施条例将随后制定，在该条例中是否继续设定诸如协调、裁决等条文，值得拭目以待。

2.2.2　铁胆庄社区案件：征地程序违法①

1. 背景介绍

2010 年 1 月 11 日，铁胆庄社区（前铁胆庄村）居民委员会与该村村民张某重签订了拆迁协议。内容包括补偿数额和拆迁的要求。而实际上《CL 县土地利用总体规划》于 2010 年 5 月 1 日才被批准，而农地征为建设用地于 2011 年 1 月 15 日才被批准，因此，这个案例中的土地征收在当时其实是未经批准的违法征地。有关征收土地的公告也是在拆迁以后才予以公布的。2010 年 11 月 4 日 CL 县国土资源局发布了《征地告知书》，2010 年 11 月 29 日发布了《听证告知书》，这两个告示通知居委会有权利要求对补偿安置方案进行听证（2010 年 12 月 3 日村长和三位群众代表签订了《放弃征地听证证明》）。2011 年 1 月 21 日 CL 县人民政府颁布《征收土地方案公告》，2011 年 2 月 2 日 CL 县国土资源局发布《征收土地补偿安置方案公告》。这些告知书和公告的颁布都晚于拆迁协议签订的日期。张某重于 2010 年 8 月 2 日收到其土地补偿款，时间早于《征地告知书》的发布日期。

2010 年 7 月 16 日，张某重提交了一封举报信。在举报信中，张某重称土地被 CL 县政府强行占用，村委会强迫他签订了拆迁协议，还有三个人打断了他的双腿。他提供了

---

① John Andrei Kamensky, "Research on the Protection of Chinese Farmers' Land Rights During Land Expropriation", https：//etd. ohiolink. edu/pg_ 1？106527513375183.

2010 年 5 月 17 日在 CL 县中医院做的 CR 摄影，显示他右膝盖确实受过伤。此后，张某重于 2010 年 5 月 20 日找周某英律师作为委托代理。

2. 复议和法律程序

在周律师的委托代理下，张某重于 2010 年 5 月 25 日向潍坊市人民政府申请行政复议，理由为 CL 县政府征地行为违法，未经批准而征地，也没有告知村民。然而，2010 年 6 月 4 日，潍坊市人民政府发布了《不予受理行政复议申请决定书》，称"申请人没有提交证明被申请人侵害其合法权益的法定证据"。2011 年 1 月 19 日，潍坊市人民政府作出《行政复议决定书》。决定书中申请人，即张某重申请行政复议的事实与理由还是和以前一样。被申请人，即 CL 县人民政府，则称土地已经批准为建设用地，而且申请人签订了拆迁协议。还有第三人潍坊吉祥置业有限公司，包括在行政复议书里面，可是潍坊市政府认为第三人无须在法定期间参加行政复议。最后，市政府决定维持被申请人的征地行为。收到《不予受理行政复议申请决定书》以后，张某重申请了行政诉讼。2010 年 7 月 6 日，潍坊市中级人民法院决定受理案件，理由是发现拆迁协议有问题。协议上写的是市城乡总体规划，可是城乡总体规划的管理者应该是县政府。另外，虽然拆迁协议是居委会和张某重之间的协议，但拆迁协议其实也是一种补充协议，而且在法律上这是县政府的责任，这意味着县政府将这个责任委托给居委会，自己也有部分责任。因此，潍坊市中级人民法院认定潍坊市人民政府拒绝行政复议是错误的，从而决定受理此案。2010 年 8 月 7 日，为了回应申请人的《行政起诉状》，潍坊市人民政府作出了《行政答辩状》。因为申请人提供的承包经营证过期，而且拆迁协议是铁胆庄社区而不是 CL 县政府与申请人签订的，所以潍坊市政府维持不受理行政复议的决定符合法律法规规定的立场。2011 年 3 月 9 日，CL 县人民政府发布了《行政答辩状》，解释征地行为确实经过了批准，也履行了征地程序，而且强调申请人签订了拆迁协议。最后，2011 年 5 月 11 日，山东省潍坊市中级人民法院的判决支持张某重。由于 CL 县人民政府先征地后办手续，所以其征地行为明显违反法律。

2.2.3 双塔堡村案例：村内部纠纷与信息公开①

1. 背景介绍

2008 年，因建设京沪高速铁路，济南市 CQ 区延绥镇双塔堡村的 132.45 亩土地被征

---

① John Andrei Kamensky，"Research on the Protection of Chinese Farmers' Land Rights During Land Expropriation"，https：//etd. ohiolink. edu/pg_ 1？106527513375183.

收。按照山东省人民政府办公厅 2008 年 3 月 19 日下发的《征收土地补偿安置方案公告》，补偿安置费为每亩 10 万元，社会保障补助费为每亩 1.3 万元。这个补偿标准其实比同期济南市政府发布的文件规定的补偿标准高（该文件规定 CQ 区土地补偿费和安置补偿费标准为每亩 7 万元）。问题出现在补偿发放到村以后，村委会未将补偿款发放给村民，因而导致土地纠纷。征地补偿的分配事务由村委会来执行，而在本案中村委会却利用这个权力侵占了村民的补偿款。本案与其他案件的不同之处在于土地纠纷是村内的，是村民与村干部争补偿，不是村民和政府的冲突。

为了解决补偿未下发到位的问题，村民去了区、市和省级信访局。陈某洛、徐某宏、杨某协三位村民于 2009 年 8 月 27 日和 9 月 23 日两次到省上访局上访。依照《CQ 区延缓镇源于陈某洛等人反映京沪高速铁路占地补偿及村级财务等问题的答复意见》，村民上访提出三个要求：一是由于地上附属物补偿不明确，要求村和镇政府给予明确答复，并开具正规的发票；二是要求公开征地补偿款、安置补偿费和社保费的分配情况；三是要求省级领导到村查清某些村领导的经济问题。为了处理上访人的要求，镇党委和政府自 8 月 27 日起以镇纪委牵头，也包括管站、审计所、财务所等负责人组成一个工作小组进行调查。有关地上附着物与青苗补偿的问题，工作小组认为没有交付发票的必要。因为补偿款直接打卡到户，村民领取银行存单之后当时在发放表上签字确认。补偿款数目已经通过了审计署的审计，所以应该是准确的。关于征地补偿款、安置补偿费、社保费的分配问题，工作小组给出的意见中陈述了土地补偿费由村委会决定补偿费等费用的使用和分配方法。按 2008 年《关于济南等三市调整征地地面附着物和青苗补偿标准的批复》，安置费全部已经发放到户。社保费已经转入市财政局的账户，以后会直接落实到人头。但是，实际上由于村委会涉嫌侵占补偿，农民什么都没有收到。对于省级领导到村调查的要求，上访局则不予支持。上访意见书还有一个附件，即《关于双塔堡村部分村民反映有关财务问题的调查情况说明》，罗列了村财务调查的结果。因为镇党委和政府的工作组仅仅查清征地补偿已发放，没有调查有没有落实到农户，所以没有解决村委会侵占补偿款的问题。

2. 复议和法律程序

除了上访的渠道外，双塔堡村的村民还同时启动法律和复议程序。60 位村民推举了卫某华、徐某宏和杨某协为诉讼代表人。2009 年 3 月 25 日，他们跟周律师签订了委托代理合同。为了凑齐两万元人民币的律师费，有 45 位村民自愿交款。2009 年 4 月 4 日，周律师发给双塔堡村村委会一份法律意见书。法律意见书的主要内容是陈述法定的征地补偿费的构成及基本的分配原则、村委会的违法行为可能会产生的法律后果，以及村民下一步打算采取的措施。法律意见书称，若村委会 10 日之内尚未履行义务，村民便会申请复议程序并和检察院联系启动刑事侦查程序。但是村委会对周律师的法律意见书不予理睬，仍然不交出征地补偿费。由于缺少直接诉讼双塔堡村村委会的证据，为了多得到一些证据，周律师之后代理村民申请信息公开。取得充分证据以后，可以申请行政复议让政府执行征地补偿方案。在周律师的代理下，杨某协于 2009 年 9 月 14 日以 CQ 区延绥镇没有对补偿费及附属物补偿费发放情况予以公开为因，向 CQ 区人民政府提起了行政复议，要求其履行信息公开义务。2009 年 9 月 19 日，CQ 区政府发布了不予受理决定书，因为"申请人未提供曾经要求被申请人公开政府信息而被申请人未履行的证明材料"而拒绝了村民的行政复议申请。

为迫使 CQ 区政府受理这个行政复议案件，杨某协于 2009 年 9 月 23 日以 CQ 区政府不受理行政复议这个具体行政行为为由，向 CQ 区人民法院申请行政诉讼。诉讼的要求是撤销不予受理决定书并判令 CQ 区政府重新作出复议决定，因为按照《信息公开条例》，征地补偿费及附属物补偿费发放情况应该公开。CQ 区人民法院不予立案。按照《关于杨某协、卫某华起诉 CQ 区政府复议案件 CQ 区法院不给予立案的情况说明》，2009 年 9 月 30 日 CQ 区法院应该立案，但 9 月 30 日 CQ 区法院推说还要研究，要求村民到济南市中级人民法院去立案。

CQ 区政府于 2009 年 9 月 19 日决定不予受理信息公开一案的行政复议以后，周律师代理卫某华、杨某协两位村民于 2009 年 9 月 23 日向济南市人民政府申请了行政复议。这一次的理由不是信息公开，而是从行政不作为的角度来要求济南市政府责令 CQ 区政府实施《征收土地补偿安置方案公告》所确定的征地补偿安置方案。

《土地管理法实施条例》第二十六条第二款规定："征收土地的安置补助费必须专款专用，不得挪作他用。"第二十五条第三款规定："征地补偿、安置方案报市、县人民政府批准后，由市、县人民政府土地行政主管部门组织实施。"本案的补偿方案下发了，但是没有得到实施。《土地管理法实施条例》第二十五条第四款规定："征收土地的各项费用应当自征地补偿、安置方案批准之日起 3 个月内全额支付。"双塔堡村的 60 户村民已经失去了土地，但是没有得到任何补偿款。其实，周律师和村民明明知道是村委会贪污了补偿款，而不是政府没有补偿的问题，但是因为信息公开不成功，只能指责政府未履行职责，让政府提供补偿发放到村的证据，才能有充分的理由对付村委会。这是为了从另一个角度获取证据所采取的策略。

由于一个小法律细节，村民必须重新申请行政复议。村民是按《行政复议法》第六条第九款规定申请行政复议的，然而，济南市人民政府行政复议办公室于 2009 年 9

月 30 日发布了《对济政复补字［2009］4 号补正行政复议申请通知的说明》，说明因为《土地管理法实施条例》第二十五条第三款规定，"征地补偿、安置方案报市、县人民政府批准后，由市、县人民政府土地行政主管部门组织实施"，实施方案是土地管理局的法定职责，不是具体的行政行为，所以本案不属于《行政复议法》第六条第九款规定的"必须申请才实施的行政行为"，而应该适用《行政复议法》第六条第十款。《行政复议法》第六条罗列了一些可以申请行政复议的情况，并且本条第十款规定"申请行政机关依法发放抚恤金、社会保险金或者最低生活保障费，行政机关没有依法发放的"属于可以申请行政诉讼的条件。因此，2009 年 10 月 10 日，卫某华、杨某协基于与 2009 年 9 月 23 日向济南市人民政府申请行政复议时基本上一样的申请事项、事实及理由，向济南市国土资源局申请行政复议。

2009 年 10 月 20 日，济南市中级人民法院发布了受理案件通知书，受理 CQ 区政府行政不作为行政复议一案。次日，法院又发布了行政裁定书，因管辖问题而将本案移交平阴县人民法院审理。因为开庭之前政府主动提交了相关的文件，所以复议目的达到了，没有必要开合议庭。村民后来在 CQ 区人民法院提起了民事诉讼。因为有证据证明征地补偿款已经下放到村，村委会具备补偿款但是没有分配给村民，可以从债权的角度对村委会提起诉讼。最后，本案经过调解得到解决。

本案主要采用行政诉讼的方式获得有关文件和证据，从而逼迫村委会发放了征地补偿费。从中也可以看出区政府和镇政府在监督征地补偿过程中的缺位。

2.3　征地纠纷中农民征地获得救济的主要渠道

多数情况下，农民对征地的不满主要来自补偿标准低和分配不合理，甚至分配不到位，或者政府承诺不兑现。对程序的不满部分指向对更高补偿的诉求，因为多数农民知道他们很难抗拒地方政府的征地行为。很多农民试图发现程序失当或不符合公共利益的目的在于，这样他们将获得道义和法律优势，从而可能在未来的谈判中占据有利位置，以实现自己的合理诉求。

2.3.1　正式维权渠道

1. 行政复议

行政复议的功能主要是对行政机关依法行使职权的保障和监督。行政复议制度源于信访制度，所以与信访工作有很多共同点。行政复议制度于 1994 年国务院颁布实施《行政复议条例》后正式确立。1999 年《行政复议法》颁布实施，行政复议制度正式纳入法律制度中。行政复议制度的一个主要功能是化解干群矛盾，是一种维护相对弱势的公民合法权利的重要渠道。同时，行政复议制度也是对行政机关的一种监督，是上级行政机关对下级行政机关违法的或不当的具体行政行为的纠错机制。复议程序依靠公民主动投诉而启动机制的运行。行政复议的申请必须针对某个具体的行政行为，并有规定的受案范围，如果不在《行政复议法》规定的受理案件范围内，行政复议机关便不会受理复议申请。行政复议的审理程序按照明确的规定进行，如果申请人对行政复议的决定不服，可以向人民法院提起行政诉讼。行政复议的决定有法律效力，如果申请人不提起行政诉讼也不履行行政复议的决定，行政机关可以直接依法强制执行或申请法院强制执行。

行政复议制度适用于土地征收问题的案件。依照《行政复议法》第六条第四款，"对行政机关作出的关于确认土地、矿藏、水流、森林、山岭、草原、荒地、滩涂、海域等自然资源的所有权或者使用权的决定不服的"公民、法人或者其他组织可以申请行政复议。依照第三十条，"公民、法人或者其他组织认为行政机关的具体行政行为侵犯其已经依法取得的土地、矿藏、水流、森林、山岭、草原、荒地、滩涂、海域等自然资源的所有权或者使用权的，应当先申请行政复议；对行政复议决定不服的，可以依法向人民法院提起行政诉讼"。第三十条还对土地征收案件作出了特别规定："根据国务院或者省、自治区、直辖市人民政府对行政区划的勘定、调整或者征用土地的决定，省、自治区、直辖市人民政府确认土地、矿藏、水流、森林、山岭、草原、荒地、滩涂、海域等自然资源的所有权或者使用权的行政复议决定为最终裁决。"

《行政复议法》第九条规定，"公民、法人或者其他组织认为具体行政行为侵犯其合法权益的，可以自知道该具体行政行为之日起六十日内提出行政复议申请；但是法律规定的申请期限超过六十日的除外"。第十二条规定，"对县级以上地方各级人民政府工作部门的具体行政行为不服的，由申请人选择，可以向该部门的本级人民政府申请行政复议，也可以向上一级主管部门申请行政复议"。按照第十七条，行政复议机关收到复议申请以后，应当在五日内进行审查。按照第二十条，如果行政复议机关没有正当理由不予受理申请，上级行政机关应当责令其受理。行政复议机关最后会作出一个行政复议决定，驳回或者支持申请人的要求。

2. 行政诉讼

中国的法律制度中有三种诉讼：刑事诉讼、民事诉讼和行政诉讼。行政诉讼就是所谓"民告官"的法律程序。如果行政复议机关不受理案件或者对行政复议决定不服可以提起行政诉讼,对一个具体的行政行为也可以直接提起行政诉讼。中国的行政诉讼制度可以追溯到南京国民政府 1932 年颁布的《中华民国行政法院组织法》和《中华民国行政诉讼法》。1949 年中华人民共和国成立后废除了中华民国时期的行政诉讼制度。直到1990 年《中华人民共和国行政诉讼法》(以下简称《行政诉讼法》)颁布,行政诉讼制度又重新回归到法律体系中来。2005 年 1 月,《行政诉讼法》作了修改,其中变化较大的有第五十二条:"公民、法人或者某组织认为行政行为所依据的国务院部门和地方人民政府及其部门制定的规范性文件不合法,在对行政行为提起诉讼时,可以一并请求对该规范性文件进行审查。前款规定的文件不含规章。"

当事人只能对行政机关侵犯原告合法权益的具体行政行为提起行政诉讼,对抽象的行政行为、法律条文的合理性、内部的行政行为等无法提出诉讼。《行政诉讼法》第二条规定:"公民、法人或者其他组织认为行政机关和行政机关工作人员的具体行政行为侵犯其合法权益,有权依照本法向人民法院提起诉讼。"行政诉讼采用"不告不理"的原则,即公民不起诉,法院则不会主动立案。行政诉讼的受理案件范围由《行政诉讼法》规定,凡不属于法定范围的案件法院不会受理。行政诉讼还要求有明确的被告、具体的诉讼请求和事实根据。与行政复议不同,行政诉讼属于司法维权,因而效力也优于行政复议。行政诉讼必须由法院主持,经过开庭举证、质证、辩论、陈述和法院裁判等诉讼程序。

提起行政诉讼的相关期限由《行政诉讼法》规定。《行政诉讼法》第四十五条规定:"公民、法人或者其他组织不服复议决定的,可以在收到复议决定书之日起十五日内向人民法院提起诉讼。复议机关逾期不作决定的,申请人可以在复议期满之日起十五日内向人民法院提起诉讼。法律另有规定的除外。"第四十六条规定:"公民、法人或者其他组织直接向人民法院提起诉讼的,应当自知道或者应当知道作出行政行为之日起六个月内提出。法律另有规定的除外。因不动产提起诉讼的案件自行政行为作出之日起超过二十年,其他案件自行政行为作出之日起超过五年提起诉讼的,人民法院不予受理。"原告的行政起诉状被法院受理以后,被告会提出一份行政诉讼答辩状,然后组成合议庭。第六十七条规定:"人民法院应当在立案之日起五日内,将起诉状副本发送被告。被告应当在收到起诉状副本之日起十五日内向人民法院提交作出行政行为的证据和所依据的规范性文件,并提出答辩状。人民法院应当在收到答辩状之日起五日内,将答辩状副本发送原告。"第六十八条规定:"人民法院审理行政案件,由审判员组成合议庭,或者由审判员、陪审员组成合议庭。合议庭的成员,应当是三人以上的单数。"

行政复议和行政诉讼属于司法方式。信访、举报信以及协调和裁决则属于行政方式。

3. 信访

信访是中国各级党委和政府解决人民内部矛盾的重要方法，为我国独有。信访制度1949年以来一直存在，但在2005年国家实施《信访条例》的时候才被纳入法律体系。信访制度的一个主要功能是解决公民与行政机关之间的矛盾，是一种维护公民合法权益的重要法律途径。同时，信访制度也是上级行政机关对下级行政机关的一种监督。信访制度与行政复议和行政诉讼一样依靠公民主动投诉。公民可以向上级政府信访局或者上级政府有关部门（在土地征收问题案件中即自然资源主管部门）上访。信访的方式多元，公民可以采用书信、电话、走访等形式向有关部门反映问题。反映问题的形式也多元，可以提起意见、建议和要求，也可以投诉、检举或揭发行政机关工作人员的违法行为。内容可以包括历史遗留问题或者现实中正在发生的问题。信访的方式和内容范围比行政诉讼和行政复议都要广泛，只要信访人认为自己或他人的合法权利或者社会的公共利益受到了非法侵害，都可以向有关部门信访，但是没有行政诉讼或行政复议那么制度化，也没有法律效力。信访部门对案件的处理主要是协调、批转或酌情处理。如果对信访部门作出的处理结果或答复不服，可以请求上一级行政机关复核。各界目前对信访制度的存废或改革方向存在较多争论，但主张保留并完善信访制度的人居多数。

4. 举报信

这个维权渠道类似于上访，但有不同之处。举报是对某人涉嫌违法犯罪告知有关机关，比上访更加具体，也可以举报与己无关的事情。虽然举报信不像法律程序那样有约束性，而且效果也未必很好，但是它毕竟给被非法征地农民多提供了一个保护自己利益的渠道。递交了举报信而政府却不作为也可以当作申请行政复议的原因，所以，在这方面举报信在符合条件的情况下可以加强复议程序。如果政府对举报不闻不问，那么可能被批评为失职，受到上级问责。

5. 协调和裁决

协调和裁决是一个特地针对补偿标准和安置方式纠纷的维权渠道。协调和裁决机制由《土地管理法实施条例》第二十五条第三款规定，"对补偿标准有争议的，由县级以上地方人民政府协调；协调不成的，由批准征用土地的人民政府裁决。征地补偿、安置争议不影响征用土地方案的实施"。协调和裁决机制的具体运转由地方法规规定。例如，《山东省征地补偿安置标准争议协调裁决暂行办法》第九条第一款规定："被征地农村集体经济组织和农村居民对征地补偿安置标准有争议的，应当自征地补偿、安置方案公告之日起十日内，向批准该公告的市、县人民政府申请协调。"这个协调和裁决机制只能影响补偿和安置情况，不能回收土地。《土地管理法实施条例》第二十五条第三款规定，"征地补偿、安置争议不影响征用土地方案的实施"。在许多的征地纠纷中，经常可以看到法律和自然资源部明文规定的听证和公告程序流于形式，上述协调和裁决尽管规定得很好，但现实中有时难以得到实施。

2.3.2　非正式维权渠道

1. 静坐和阻止施工

当农民感觉利益受损，除了上述正式的维权渠道外，他们最常用的方法就是静坐和阻止施工。正式的维权渠道尽管获得了政府的支持和肯定，但缺点是维权成本过高，维权不及时、需要时间长。而农民认为"不合规定""不公平"的征地行为是缺乏道义和法律支持的，此时，他们有理由在"自己的"土地上静坐并选派老人和妇女出面阻止用地单位入场施工，经常发生冲突。农民认为自己是弱势群体，手里没有和政府、企业谈判的"筹码"，只有通过阻止施工迫使对方坐下来，认真听取自己的诉求，才能维护自己的利益。而这种方式实际上并不合法，因为土地已经进入或完成了征收程序。但农民认为这种方法成本低、不违法。很多情况下，为了避免因违法而被行政或刑事处罚，农民们会采取组织村内老年人或小孩子参与静坐的方式，此类人群即使轻微违法，也可能逃过有关处罚。

按照于建嵘（2007）提供的数据：2005 年全国共发生因土地引起的群体性突发事件约 19700 起，占全部农村群体性事件的 65% 以上。农民的经济权利因为土地征收而受到侵害时，正式的维权渠道往往难以保护农民的利益。在上访、诉讼等制度化方式维权无效或者门槛太高，农民到万不得已时不得不采取群体抗议。这种维权群体性事件的绝大多数参与者的目标单纯、利益诉求明确、行为比较克制。有时这些群体性事件会有一个核心人物或者组织方式。农民常常采取的群体性事件形式包括堵塞道路、强占工地、集体上访、越级上访和包围地方党政机关等。作为一个解决问题的方式，群体性事件有一定的效果，组织起来后弱势的农民会更加强势。社会稳定性差会影响地方官员的政绩，所以群体性事件确实能够创造与地方政府磋商的空间。

2. 媒体

还有一个维权渠道便是媒体。如果能够吸引一些有权力的人的注意，农民的问题有可能在干预下得到解决。而且，倘若农民的问题吸引了广大民众的注意力，政府面对舆论的压力从而不得不认真地处理他们的问题。但是，由于土地征收这个问题具有敏感性，会影响当地政府的形象、社会舆论甚至社会稳定，因此土地问题为传统媒体所报道并不是件容易的事。被征地农民还可以采用新兴媒体，例如博客、微博、微信等。这些媒体的"门槛"没有传统媒体那么高，但在海量的数字信息平台上，他们的申诉不一定能刺激受众产生关注，且这些媒体的可信度也存在疑问。在互联网等自媒体上，此类新闻也很少能被发现。

3. 调解

即使采用过复议或法律程序、上访或群体性行动，土地纠纷问题经常最后还是用调解的方式得到解决。通过调解达到两方都能接受的妥协，具有方便性、低成本和低风险的特点，同时比较符合中国"和"文化的思想，但是也没有正式维权渠道那么理性、公正、有保障。调解的形式多元，包括人民调解、行政调解和司法调解，采取哪种形式取决于采取调解的两方。例如，农民和镇政府的冲突可能会通过市政府建立的工作小组进行协商解决；村内纠纷可能会采用人民调解方式解决。

2.4 法理和经济学分析

中国征地补偿纠纷和矛盾主要源自三个法律问题：一是是否具有公益性；二是程序是否合法；三是补偿是否合理公正。实际征地中的问题则是五花八门，有的源于地方政府的不规范行为，有的源自征地单位克扣补偿金，有的源于个别农民的不合理要求，有的源自村集体或村干部侵占补偿款等。农民的主要诉求可能是为了获得多一点的补偿款。为了达到这一诉求，他们可能会刻意地去寻找地方政府征地过程的瑕疵，以讨价还价。在迫不得已时，他们可能会阻碍施工、有意拖延、不签合同、不配合现场踏勘等。

综合分析，中国的征地症结还在于三大缺陷：一是非公益性征地过滥；二是补偿标准偏低；三是程序不合理，缺乏应有的救济措施。

1. 对程序的法理分析

（1）土地征收的一般程序。

其一，预征告知《国务院关于深化改革严格土地管理的决定》中规定："在征地依法报批前，要将拟征地的用途、位置、补偿标准、安置途径告知被征地农民。"国土行政主管部门不履行这一法定职责就是行政不作为。

其二，地籍调查和地上附着物登记。由县或市级自然资源局会同被征收土地的所有权人、使用权人实地调查被征土地的四至边界、土地用途、土地面积，以及地上附着物种类、数量、规格等，并由自然资源局现场填制调查表一式三份，由自然资源局工作人员和所有权人、使用权人共同确认无误后签字。自然资源局应将所有权人、使用权人签字的材料作为报批的必备材料归档上报。

其三，征询意见，组织征地听证。《关于完善征地补偿安置制度的指导意见》中规定："在征地依法报批前，当地国土资源部门应告知被征地农村集体经济组织和农户，对拟征土地的补偿标准、安置途径有申请听证的权利。当事人申请听证的，应按照《国土资源听证规定》规定的程序和有关要求组织听证。"在听证过程中，负责组织听证的机关应当将其补偿标准、安置途径的有关证据向听证的农民出示并作出说明。如果被征地的农民认为征地机关拟定的补偿标准和安置途径依据不足，可以提出自己的建议；如果被征地农民提出的建议合理合法，征地机关应考虑重新更改补偿标准、安置途径。被征地农民提出的异议和建议，听证机关应该形成笔录。

其四，征地材料的组织、审核及上报。市、县国土资源行政主管部门根据征地情况调查结果和市、县人民政府拟定的征地补偿标准、安置方案，以及建设项目的相关材料，依法拟定农用地转用方案、补充耕地方案、征收土地方案和供地方案，编制建设用地呈报说明书（简称"一书四方案"），经过县级人民政府初步审核同意后，由县级人民政府正式行文报批。县级人民政府同时应就征地补偿标准合法性、安置方案的可行性及妥善安置被征地农民生产生活保障措施出具说明材料；被征地农民提出的意见较多、情况较为复杂的，县级人民政府应当说明采纳意见的情况。

其五，征地的审核、报批。市县人民政府上报的征地材料，由省（自治区、直辖市）自然资源厅（局）受理，并进行审核。凡是征地材料齐全、征地程序合法、征地补偿标准符合法律规定、安置方案已经确认，市、县人民政府已经出具说明材料的，报请省级人民政府审批。须报国务院批准的，由省（自治区、直辖市）人民政府审查后报请国务院批准。我国有权批准征地的机关只有国务院和省（自治区、直辖市）人民政府。[①] 市、县人民政府是征收土地的主体，但并不是批准征收土地的主体。实践中，很多市、县人民政府采取边报批边占地的方式非法占用农民的土地。因为，并不是市、县人民政府上报征收土地，省政府或国务院就一定会批准征收土地。

---

① 这是 1999 年新《土地管理法》采用的约束地方政府的新制度，防止以前分级审批造成的化整为零、规避上级审批的问题。但新的问题是新制度的审批成本非常高，包括时间成本，与地方政府急于拿到土地、发展经济的需求严重矛盾。

其六，征地公告。经依法批准征地项目后，市、县人民政府和市、县国土行政主管部门要及时进行征地的两公告，即征收土地公告和征地补偿安置方案的公告。根据《征收土地公告办法》的规定，征收土地公告由市、县人民政府在收到征用土地方案批准文件之日起 10 个工作日内进行，内容包括："（一）征地批准机关、批准文号、批准时间和批准用途；（二）被征用土地的所有权人、位置、地类和面积；（三）征地补偿标准和农业人员安置途径；（四）办理征地补偿登记的期限、地点。"征收土地的补偿、安置方案公告由市、县国土行政主管部门进行。内容包括："（一）本集体经济组织被征用土地的位置、地类、面积，地上附着物和青苗的种类、数量，需要安置的农业人口的数量；（二）土地补偿费的标准、数额、支付对象和支付方式；（三）安置补助费的标准、数额、支付对象和支付方式；（四）地上附着物和青苗的补偿标准和支付方式；（五）农业人员的具体安置途径；（六）其他有关征地补偿、安置的具体措施。"如果征地项目未获省级人民政府或国务院批准，由发布预征公告的国土资源管理部门及时下发书面通知，取消原预征公告。

其七，两公告后被征地农民的权利。根据《征收土地公告办法》的规定，被征地农村集体经济组织、农村村民或者其他权利人对征地补偿、安置方案有不同意见的或者要求举行听证会的，应当在征地补偿、安置方案公告之日起 10 个工作日内向有关市、县人民政府土地行政主管部门提出。有关市、县人民政府土地行政主管部门应当研究被征地农村集体经济组织、农村村民或者其他权利人对征地补偿、安置方案的不同意见。对当事人要求听证的，应当举行听证会。确需修改征地补偿、安置方案的，应当依照有关法律、法规和批准的征用土地方案进行修改。有关市、县人民政府土地行政主管部门将征地补偿、安置方案报市、县人民政府审批时，应当附具被征地农村集体经济组织、农村村民或者其他权利人的意见及采纳情况，举行听证会的，还应当附具听证笔录。征地两公告后，被征地农民的提异议权和听证权是他们第二次对征地的补偿安置的话语权。①

其八，征地补偿安置方案的批准和交付土地。市、县国土行政主管部门进行征地补偿安置方案的公告后，公告期满当事人无异议或者根据有关要求对征地补偿安置方案进行完善后，将征求意见后的征地补偿安置方案，连同被征地农村集体经济组织、农村村民或者其他权利人的意见及采纳情况报市、县人民政府批准，并报省级国土行政主管部门备案。征地补偿安置方案批准后，市、县人民政府应及时依法组织落实征地补偿安置方案的事宜，将征地补偿安置方案确定的费用及时足额地支付给被征地的农民和村集体

---

① 实践中，很多政府认为在预征阶段已经征求过意见，没必要在批准征地后进行第二次征求意见。

经济组织。被征地农村集体经济组织、农村村民或者其他权利人应当在征用土地公告规定的期限内持土地权属证书（土地承包合同）到指定地点办理征地补偿登记手续。被征地农村集体经济组织、农村村民或者其他权利人未如期办理征地补偿登记手续的，其补偿内容以市、县国土资源行政主管部门的调查结果为准。征地补偿安置方案确定的有关补偿费用没有足额支付到位的，被征地的农村集体经济组织和农民有权拒绝交出土地。如果征地补偿安置方案确定的有关补偿费用已经足额支付到位而被征地的农民拒绝交出土地的，征地的市、县人民政府有权责令限期交出土地。如果被征地的农民对市、县人民政府确定的补偿标准和支付方式等有不同意见，也应该交出土地。对于补偿标准等有关纠纷，可以通过行政复议、行政诉讼、行政裁决的方式予以解决。市、县人民政府是征地主体，并非国土行政部门。

（2）征地程序的主要问题。

其一，土地征收目的的合法性审查程序缺失，实际上使法律流于形式。公共利益是征收的前提要件，是对政府权力的必要限制，世界各国都对这个前提进行审查。但我国法律中没有规定如何在审批程序中对此进行合法性的专项审查，即没有程序性规定，这使宪法、土地管理法、物权法等重要法律的对应条文陷入空谈。在征地公告中也没有征地目的合法性的专门说明。

其二，缺少对行政机关的监督机制。行政机关既是土地征收的决定者，也是执行者，还是纠纷调解者、土地供给者、市场参与者，多重角色集于一身。另外，政府还是规则制定者和利益主体，这两者是不应该重叠的。政府内部的监督权是有限的。市、县级政府是实际的征地发起者和执行者，最后也要负责；省级和中央政府是审批者，但并不对后果负责。上级政府因为信息不对称，只有有限的能力和意愿监督下级政府。再者，政府和国土部门之间也存在衔接问题。地方政府国土部门制定补偿标准，可是政府尤其是乡镇街道级政府才是真正的实施者，二者仅仅是业务指导关系，内部监督也是有限的，国土部门很难阻止地方政府发展经济下的征地冲动。我国现行土地立法并没有在征地范围的决定权、征地审查权、赔偿方案确定权等方面作出监督方面的规定。

其三，缺乏对被征地者的保护程序。一是土地征收程序透明度和公示性不够。征地的进程农民无法得知，在补偿方案的确定上，政府内部起草、核准并实施，都是制定、批准完成后才告知农民。二是被征收者在土地征收过程中缺乏表达自己意见的机会。征地补偿安置方案批准后，有关地方人民政府应当公告，并听取被征地的农村集体经济组织和农民的意见，但既然征地补偿方案已经批准，被征地者的意见所起的作用是微乎其微的。三是对被征地者的救济措施规定不足。根据《土地管理法》及《土地管理法实施条例》的规定，被征地者在征地范围、补偿标准等方面存在争议的，由县级以上地方人民政府协调；协调不成，由批准征地的人民政府裁决，并没有规定其具有向司法机关获得救济的权利，这样的救济措施是远远不够的，成本高，且很难真正执行。批准征地的人民政府往往是中央政府和省级政府，这样的裁决对农民而言，成本之高是难以承受的。

2. 经济学分析

目前我国征地补偿标准遵循的是按照土地的农用价值标准的"倍数法"原则，这只反映了土地的农用价值，土地的未来增值无法被农民分享。换言之，土地发展权价值基本全部被政府获取。

国际上一般按照市场价格进行补偿，并认为这是一个相对公平的方法。但问题是，我国没有农地所有权市场，无法获得市场价格和交易信息来制定补偿标准。即使有市场价格，在国外学术界也被认为并非绝对公平的补偿方法，因为土地包含很多的主观价值，如情感价值，以市场价值补偿仍然会对土地所有者造成伤害。另外，公平市场价值也没有包括搬迁的成本、律师费、其他隐形费用（如公司搬迁后可能面临的各种损失）等。政府的补偿标准采用"公平市场价值"而不是"全部价值"，主要考虑的是效率。市场价值是最容易也是运用起来成本最低的标准。土地经济学家雷利·巴洛维（1978）认为，不愿出售其财产的所有者自然趋向于用"对所有者价值"来思考。然而，公共官员则趋向于以他们的标准为基础，其判断依据是当时市场上同类财产的价值。在决定什么是公平补偿的过程中，大多数法院反对接收者的价值和所有者的价值的观点，公平的补偿常常定义为合理的市场价值或买者乐意支付、卖者乐意接受的价格。主观价值实现具有技术难度，市场价格是一个比较现实的方法。在中国，目前的补偿标准不是市场价格标准，和农民的期望存在较大差异，这是征地容易发生纠纷和矛盾的重要原因。

2.5 结 论

无论是推动公民参与，抑或采用收购前置或协商补偿价格，为了应对可能的"敲竹杠"，提高社会福利总水平，在合宪前提下，土地征收这个国家公权力必须坚决保留，至少可以作为对其他程序的"威慑"。如果没有这个终极的威慑，很难想象利益诉求千差万别的各方能坐下来，既争取自己合理的权利，又能作出适当的妥协。毕竟市场规律是不能违背的，客观的市场下的经济租总量一定是有限和固定的，在分配问题上，各方必须达成一致，而不是追求单方利益最大化并以牺牲其他方利益为代价。征收这个权力就是迫使各方妥协的有力武器，某种意义上，它是降低交易成本、达成交易的有力武器。

但是，地方政府的权力必须受到制约。在地方政府尚不能超然于土地租金和土地利益之外时，我国的司法机关不能回避社会日益严峻的征地引发的社会冲突和矛盾，必须在公益性审查、标准裁定、事后救济等方面发挥更大的作用。地方人民代表大会作为最高权力机关，应该发挥更大的作用，如组建地方性的征地委员会对有关事项进行仲裁等。

国家层面需要顶层设计，关键是以下三点：一是征地前收购协商制度；二是土地规划制度；三是征地后对补偿标准的继续救济权。从根本上看，我国的土地征收制度或许需要的不是修修补补的"调整倍数"，而是彻底的结构性调整和理念革命。核心还是在公共利益和保护农民财产权之间作出适当的权衡。

本章小结

土地征收是影响社会稳定的一个热点问题，我国有关法律对此有很多规定。总体而言，土地补偿标准、分配、征地程序是三个最尖锐的难点。国家法律在设计时，专门规定了对农民的保护条款，但受整体法律理念、社会发展阶段等影响，现有法律在解决有关纠纷方面力有不逮。未来需要对土地征收进行全新的制度和法律重构。

关键术语

土地征收　　公共利益　　法定程序　　协调　　裁决

复习与思考

1. 土地征收的现有程序性规定及其缺陷。

2. 为什么农民对按现状用途补偿有所不满？

3. 为什么国家必须保留征收权？

第3章

美国土地管制案例

【**教学目的和要求**】 了解土地管制的形式和美国的规划体系，熟悉土地管制的经济学原理和法理，掌握判断警察权合理运用的界限。

3.1 概 述

警察权在不动产利用和管理领域有着广泛的运用。警察权、征收权和征税权是国家必须保留的三项基本权力。无论土地所有权和使用权的基本制度如何，土地使用都不同程度上受到警察权的干预，这种干预被认为是必要的，主要原因是土地使用过程中存在着强烈的外部性和毗连性。

"警察权"（police power）有时也译作"治安权"，意指政府为了公众的健康安全、一般福利等对公民行为施加的某种限制。在不动产领域，主要表现为对土地所用、建筑建设等施加的规划限制、义务等；有时，也表现为一些立法性限制或市场准入性限制等。

警察权的实施必然给人民利益带来影响，会影响社会财富的分配以及资源配置的效率和公平。可以说，警察权本意是纠正市场失灵，然而其所带来的政府失灵或寻租的社会损失也非常大。警察权在土地领域和房地产领域的影响是无处不在的。一些美国的典型案例可以让我们发现一些脉络。

美国的规划体系由社区综合规划、分区、细分管制和官方地图构成，这些权力一般掌握在地方政府手中，是社区管理土地利用和房地产开发、环境保护等的重要工具。其中，规划以立法的形式颁布，比较宏观；分区和细分管制也表现为法律的形式，比较微观。即使在市场经济非常完善的美国，土地也受到诸多细致的限制或管制，界定了土地的权利束，规定了土地开发的方向和方式，以维护整个社区的整体价值和美学价值等公共利益。但是，具体执行过程中，如果管制太多，就可能构成对财产权的过分限制而构成征收。

3.2　背　景

美国通过国家警察权力管理私有土地，使公共利益免受私有土地要挟，同时又积极维护土地所有者的权利。美国是联邦制国家，各州具有高度自治权，但同时服从联邦统一管理。在管理土地和房地产等物业以及城市规划等事务方面，美国认为这属于地方性事务，主要由州政府和地方政府负责，各个地方政府有议会和法院等机构，和行政机构一起分享这些管理权力，一些规划权力甚至下放到了社区、邻里。联邦政府不干涉州内非联邦财产的土地管理及其规划，只要不涉及跨州管理和诉讼，联邦政府将国家警察权力下放到各州，由各州自行管理本州公共行政事务。美国联邦政府不同部门虽然制定了很多土地管理政策，但并没有统一的联邦土地管理法令。

美国地方政府一般有市、县、镇、村四类，它们相互不存在隶属关系，但有合作关系，它们根据一些联邦或者地方土地管理法，结合社区实际和居民意愿，对本社区的土地利用、房屋管理、社区规划等事务性工作进行管理。

各地实施的土地使用标准和对私有土地的管理不完全相同，如得克萨斯州休斯敦市就没有执行美国商务部制定的《土地分区使用管制法》。但是，由于各州必须遵从联邦最高法院的判决，这些判例成了各州实施土地管理的标准判例。州颁布的法律也是本州地方政府必须遵守的，州和地方政府之间不存在隶属性、纵向的土地或城市规划（分区）。虽然各地在管理细节上可能稍微不同，但是总的管理原则和法律基础是一致的。

在美国诸多关于土地利用和管理的法规中，美国商务部颁布的《土地分区使用管制法》（1922 年）最为重要。1916 年，纽约市城市规划局颁布了美国第一部关于土地分区利用和管理的法案，即《土地分区管制规定》（1916 年）。联邦商务部颁布这项法规后，美国所有的州纷纷根据自己的情况，依据联邦商务部的法规原则制定了各自的土地管理法。《土地分区使用管制法》迅速从一般性城市规划管理扩大到所有土地占有、使用和处置的细节管理，成为地方政府行政权力的重要组成部分。一些州，如佛蒙特州、缅因州和夏威夷州，土地分区管理的权力牢牢控制在州政府手中。

《土地分区使用管制法》的一个核心原则就是，所有土地（无论何种产权归属）的占有、使用和处置必须依照政府的统一规划。土地私有权仅仅意味着法律上免受其他自然人或者法人的非法侵占，但是不能妨害他人和公共利益。下面的 14 个案例共同刻画了美国土地管制法律制度的历史发展脉络。

3.3 典型案例①

综观整个联邦最高法院关于这类诉讼的判决，可以发现，法院支持国家警察权力是一个总趋势。出于公共使用或者该财产威胁公共福利的原因，联邦政府和州政府拥有强制征收权力（power of eminent domain），或者有权征用私有财产。但同时，法院也强调国家警察权力不能滥用，需要加强对于这项权力的监督。最后形成了一条默认的规则：政府普通民事征收需要补偿，而动用警察权力的征收则一般不赔偿。关于这一点，可以用以下几个性质相似的典型判例来证明。

3.3.1 欧几里得村诉安博勒房产公司案（Village of Euclid v. Ambler Realty Company，1926）

1. 基本案情

20 世纪 20 年代，安博勒房产公司在美国俄亥俄州克利夫兰市郊区的欧几里得村拥有 68 英亩土地，该公司准备对这片土地进行工业开发。但是，当地政府已经在几年前制定并通过了土地分区管理法，确定这些土地不能用于工业目的，当地居民也认为这样的土地开发将影响欧几里得村原有的自然环境、文化传统和自己的生活。当地政府根据土地分区管理法驳回了安博勒房产公司的开发计划。由此，安博勒房产公司将欧几里得地方政府告上了法庭，认为当地政府的裁决违反了美国宪法第五修正案中关于"不能将私人财产在没有进行补偿的情况下用于公共目的"的条款，使公司拥有的土地价值降低了，损害了公司的经济利益，要求得到地方政府的赔偿。

2. 判决结果

基层法院支持了安博勒房产公司的诉讼请求，但 1926 年联邦最高法院纠正了基层法院的判决，认为欧几里得地方政府土地分区管理法符合美国宪法第十四修正案中关于"平等保护"（equal protection of law）的条款，而且安博勒房产公司也没有明确的证据来

---

① 本节案例除特别说明外，均翻译自公开网站上的法官判决词。这些案例也是威斯康星麦迪逊大学研究生教育公开常用案例。

证明其拥有的土地价值贬值并遭受了经济上的损失。联邦最高法院法官以 6∶3 的投票结果判决欧几里得地方政府胜诉，认为土地管制是警察权的合理运用。

3. 简要分析

欧几里得村案例是著名的关于警察权运用的合法实践。由于美国联邦最高法院支持了地方政府对土地的分区管理，从而在宪法层次上首次确认了分区制土地管理的合法性，认为对市镇土地进行分区控制可以从多个层次促进公共健康和安全，它与作为分区权力来源的州警察权所要求的公共健康、安全、道德或公众福祉存在实质的联系，不存在明显的武断和不合理，从而获得合法性。该判决确立了分区制度的合法性，并且为日后分区法的合宪性诉讼提供了基本的审查标准，由此确定的分区制度初期的合法性基础正是警察权所保护的多层次内涵的公共健康、安全等公共利益。

美国第一部现代区划法为 1916 年的《纽约市区划条例》。该条例全面系统地规定了城市中每幢建筑的高度、体积和用途。纽约所面临的城市发展问题并不是独有的，因此，《纽约市区划条例》迅速成为美国各城市社区的典范。虽然一些州通过了分区授权法，但还有一些市镇则走在了州的前面，自行通过了自己的分区条例。到 1916 年末，已有 8 个城市颁布了分区条例。在联邦宪法的列举项中，联邦政府的权力并不包括对私有土地的使用进行控制和管理，法院也未承认此为联邦政府的隐含权力。然而，联邦政府通过制定标准州分区授权法推动了分区在各州的普及。赫伯特·胡佛（Herbert Hoover）任职贸易部部长期间，于 1924 年 5 月发布了《标准州分区授权法》（A Standard State Zoning Enabling Act）。虽然作为示范法典并没有实际的法律约束力，但标准州分区授权法极大地推动了分区制度的发展。实际上，美国并没有全国统一的分区法或土地管理法。从 1923 年 1 月起，大多数颁布分区立法的州都使用了全部或者主要的标准分区授权法的内容。至 1925 年，有分区制度的城市数量从屈指可数发展到了 500 个。在 1930 年，有 35 个州已经通过了以标准州分区授权法为模式的分区授权法。然而，作为一个联邦制分权国家，时至今日，很多州的地方政府并无分区法或细分法等规划法律。

3.3.2　宾夕法尼亚煤炭公司诉马洪案（Pennsylvania Coal CO. v. Mahon，1922）

1. 基本案情

宾夕法尼亚煤炭公司（以下简称"煤炭公司"）在 1878 年与马洪签订了一项协议，获得开采位于其房屋地表及土地下方的煤炭的全部权利。然而，1921 年宾夕法尼亚州通过了《科勒法案》，该法禁止矿工开采支撑地表水平建筑物的地下煤炭。当宾夕法尼亚煤炭公司通知马洪它将在其土地下开采煤炭时，马洪在民事法院提起诉讼，要求根据《科勒法案》禁止该公司进行煤炭开采。

2. 判决结果

初审法院否定了马洪的请求并允许煤炭公司进行开采，但宾夕法尼亚州的最高法院撤销了该判决并维持法案设定的禁止采矿规定，要求州政府行使警察权力勒令煤炭公司停工，马洪胜诉。但煤炭公司认为，宾夕法尼亚州最高法院的判决违反了宪法第五修正案的"征收条款"，未能保护其对煤炭开采的合同权利。

《科勒法案》规定，如果造成地面及其附属物下陷，则禁止开采地下矿藏，但是地表业主和地下采矿权属于同一所有人的例外。煤炭公司上诉至联邦最高法院，认为州政府警察权力干涉了煤炭公司的经营权利。联邦最高法院法官经过激烈辩论，裁决煤炭公司胜诉，推翻了宾夕法尼亚州最高法院的裁决，投票结果为 8∶1。煤炭公司将有权开采，《科勒法案》违宪。

3. 简要分析

这是一个标志性案件：财产理应受到管制，但是管制过度就可被认为构成了征收。有没有财产利益是一个重要标准。管制走得太远，《科勒法案》就可能构成违宪。该案的判决意味着宪法第五修正案征收条款扩展到了管制领域，开启了管制合法性时代。大法官霍姆斯认为，煤炭公司早就告知购买土地建房的人其将来要在这个地下采矿，而采矿并没有影响到公共街道和建筑的安全。另一位大法官布兰代斯持相反观点，认为政府对给公共安全造成威胁的私有财产拥有警察权力，而且不需要补偿。另外，霍姆斯大法官认为，如果《科勒法案》能带来某种互换的利益，则可以认定该法令为是合法、有效的（经济互惠原则首次被提出）。

该案的意义在于确立了管制性征收（regulatory taking）原则：财产如果过度被管制，就构成征收，应当予以赔偿。其标准是，管制措施导致：（1）私有财产被物理侵占；（2）剥夺了财产所有者的使用权利。凡是国家警察权力造成这两种后果之一，就应该给予赔偿。

实际上，需要了解霍姆斯大法官裁决的大环境和初衷。当时美国处于经济高速发展时期，以霍姆斯为代表的法官们接受法律应为经济发展服务的思想。他本人并非不知道煤炭挖掘会对马洪等居民的房屋造成损害，但由于当时美国经济发展需要大量煤炭，要维护煤炭公司的利益而避免对经济发展造成影响，以免此种判例被过度解读而在全国范围内对采矿业造成不必要的影响。他的初衷并非要限制国家警察权力，而是用貌似限制宾夕法尼亚州警察权力的做法维护全国范围内警察权力的实施。在本质上，霍姆斯大法官和布兰代斯大法官的观点并不矛盾。

3.3.3　苏特姆诉泰浩湖区域规划局案（Suitum v. Tahoe Regiona Planning Agency，1997）

1. 基本案情

20 世纪 60 年代，苏特姆（Suitum）在著名的泰浩湖附近拥有一块未开发的土地。泰浩湖区域规划局确定该地段不具备本机构法律下的开发条件。然而，该机构确定，苏特姆有权出售"可转让发展权"（TDRs），她可以获得该机构的批准将该地块的发展权出售给其他土地所有者。苏特姆拒绝出售其可转让发展权，而是提出诉讼称，该机构的决定对她的财产构成管制征收，违反宪法第五修正案和第十四修正案，要求给予补偿。

2. 判决结果

地方法院认为，苏特姆的索赔是不合理的，因为她并没有试图出售其可转让发展权。上诉法院确认，推理认为泰浩湖区域规划局对可转让发展权移转申请的决定将是对苏特姆的诉讼进行"最终裁决"的必要条件。联邦最高法院判决原告苏特姆的土地被限制开发并获得了可转让发展权，但仍然构成了管制性征收，苏特姆胜诉，投票结果为5∶4。该案的意义在于可转让发展权的引入。

3. 简要分析

是否有一个最终结论是本案判决标准。可转让发展权能否足以提供符合宪法第五修正案的公正补偿是问题的关键。即使苏特姆没有试图出售其可转让发展权，是否有权诉诸裁决？这需要一个"最终决定"。在威廉森县地区规划委员会诉约翰逊市汉密尔顿银行案（Williamson County Regional Planning Comm'n v. Hamilton Bank of Johnson City）中已建立了这个标准。在这种情况下，法院有足够的终局决定权来判断附可转让发展权计划的拒绝开发是否构成管制性征收。本案构成准征收。

3.3.4　克石通烟煤联合会诉宾夕法尼亚州环境资源部案（Keystone Bitumious Coal ASSN v. DeBenedicts，1987）

1. 基本案情

通过《烟煤矿塌陷和土地保护法案》，宾夕法尼亚州立法机构授权宾夕法尼亚州环境资源部（DER）管理地下采煤活动，防止破坏地表结构。在实施该法案时，宾夕法尼亚州环境资源部阻止煤矿工人从建筑物下方的矿井中开采煤炭超过50%，并将该法案第4条保护延伸至水道。该法案第6条授权撤销采矿许可证，如果煤炭的开采对受第4条保护的结构或区域造成损害，并且运营者在六个月内未修复损害、未满足由此产生的任何索赔，也未将修复费用作为合理的担保。历史上，煤矿工人获得了与上述"地表地产"所拥有的财产分开的下方"采矿区"的权利。克石通烟煤联合会（以下简称"克石通"）由一组矿工构成，他们抱怨说该法案创造了一个"支持地产"，实际上征收了其财产且没有给予补偿。

2. 判决结果

克石通援用联邦最高法院对宾夕法尼亚煤炭公司诉马洪案的裁决，声称这一国家行为违反了宪法第五修正案和第十四修正案中的合同条款和征收条款。区法院驳回了这两项指控，美国第三巡回上诉法院确认了这一决定。一个州是否有权通过法律迫使煤矿公司在地下矿井中保留一定量的煤以支撑地表上的结构，是否构成对"征收条款"的违反？这种限制是否违反合同条款，撤销了矿工为确保其地下煤矿权利而签订的协议？联邦最高法院判决认为答案是"否"。

3. 简要分析

本案的标准是：（1）如果案件是成熟的，那么它是对法律本身的挑战（即法律本身是否合宪）；（2）是否拒绝了原告土地所有的经济上可成立的用途，如果没有，就不构成征收。克石通烟煤联合会败诉，投票结果为4:5。大法官史蒂文斯发表了法院的意见。如同宾夕法尼亚煤炭公司诉马洪案，法院的决定取决于有关采矿法规的"特定事实"。与宾夕法尼亚煤炭公司诉马洪案不同，法院发现了现行法律背后的有效公共目的，并确定《烟煤矿塌陷和土地保护法案》不会使矿工不能开展业务。因此，宾夕法尼亚煤炭公司诉马洪案的判决不适用本案。为了驳斥原告指控的违反"征收条款"的行为，法院确认"支持性地产只有在用于开采另一个地产时才有价值"。然后，法院对《烟煤矿塌陷和土地保护法案》的影响进行了事实审查，其结论是：由于申请人保留对其矿产中几乎所有煤进行开采的权利，法案对支持地产所要求承担的责任不构成损害。法院还驳回了原告诉称的这一国家行为违反了宪法第五修正案和第十四修正案中的合同条款，因为国家没有为自己获得地产，而是利用其警察权力实施有利于公共利益的管制。法院采纳了布兰代斯大法官的财产价值是相对的这一观点（应当考虑的是财产的整体，而不仅仅是其中一部分的地表支撑权），当土地的使用方式构成"非法妨害公益时"，政府有权予以限制。但究竟是否构成非法妨害公益，则需要新的事实认定。

3.3.5　卢卡斯诉南卡罗来纳州海岸委员会案（Lucas v. South Carolina Coastal Council，1992）

1. 基本案情

卢卡斯案的发生源于美国的海岸环境保护。1972 年，联邦议会制定了《沿岸区域管理法》，规定各州可制订海岸环境保护的计划，并通过根据该类计划拨给一定财政补助等方式，诱导各州加强海岸环保，从而间接地达到保护海岸线的目的。该法施行后，各州先后立法保护海岸环境。南卡罗来纳州于 1977 年制定了一部《沿岸区域管理法》，根据该法的规定，海滨以及临接海滨的沙滩地域均为指定的保护区（critical area），在区内建造住宅性质的建筑物受到禁止，对土地的利用也受到相应的限制。但因为这种指定保护区的范围相对较窄，不足以充分防止海岸线的侵蚀现象，该州遂于 1986 年设立了一个咨询委员会，并根据该委员会的调查报告，于 1988 年制定了《沿海区域管理法》。新法扩大了指定保护区，并与 1977 年的《沿岸区域管理法》一样，对区内的土地利用实行管制。

本案当事人卢卡斯在 Palm 岛上从事不动产开发，建造了一个命名为"野丘"（Wild Dune）的住宅群。1978 年卢卡斯自己也入住此处，并于 1986 年以私人资金 97.5 万美元买下了另外两块住宅用地，打算在邻近地块建造单户住宅。这两块土地距离海滨约 90 米，根据 1977 年的《沿岸区域管理法》不属于指定保护区，但根据 1988 年的《沿海区域管理法》则属于该类区域，被禁止建造住宅性质的建筑物。于是，卢卡斯便以《沿海区域管理法》的土地利用限制构成不予补偿的财产征收为由，向州地方法院提起诉讼，要求南卡罗来纳州海岸委员会作出损失补偿。

2. 判决结果

卢卡斯胜诉并赢得了大量的货币补偿。南卡罗来纳州海岸委员会上诉。在一审中，卢卡斯一方对于本案中的《沿海区域管理法》乃属于州的警察权的正当行使这一问题不予争辩，仅要求损失补偿。一审法官认可了卢卡斯的要求，判决州一方对他给予 120 万美元的损失补偿。理由是：卢卡斯 1986 年买下案中的土地时，该地被认定为住宅用地，可供建造住宅之用，而随着 1988 年《沿海区域管理法》的发布，该地因土地利用管制而失去了合理的经济利用（reasonable economic use）的可能性，完全成为"无价值"（valueless）的。

然而，在上诉二审的州最高法院中，法官以卢卡斯对《沿海区域管理法》的有效性没有争议为理由，认定该法乃是为了防止公共危害（public harm）的发生，根据宪法的征收条款无须作出损失补偿。州最高法院的这一判决是 1991 年作出的。早在其口头辩论程序结束后的 1990 年 6 月，南卡罗来纳州的《沿海区域管理法》已被修改，修改后的法律规定设立一种特别许可（special permit）制度，州委员会可根据个别特殊情况对特定住宅用地的利用予以许可。但卢卡斯还是将本案上诉到联邦最高法院。

建筑禁令剥夺了卢卡斯对其财产的所有经济上可行的使用，是否达到征收标准并根据宪法第五修正案和第十四修正案的要求作出"公正赔偿"？联邦最高法院判决认为"是的"。最高法院依据一审法院的裁决，认为卢卡斯的地段受州法律影响变得毫无价值。"不动产的所有者被要求以公共利益的名义牺牲所有经济上有益的使用，他已经遭受了征收。"

3. 简要分析

本案的判决标准是：首先，符合对法律适用挑战（as applied challenge）后，要判断是否构成一个本身征收（per se taking）？其次，管制是否拒绝了财产的全部用途？最后，管制是否导致了对地产的物理占有？

当对土地的管制没有在实质上促进合法的政府利益，或是剥夺了土地所有人对其财产在经济上可行的利用时，便构成征收。如果要求土地所有人为了公共福利的目的而牺牲其土地所有的经济利用的可能性，也就是说让其财产处于经济上的静止状态，那就已经是对其财产的征收。

本案原告卢卡斯胜诉，投票结果为 6:2。对本案的判决形成了"管制征收"中比较严厉的一项特别规则：如果管制法令剥夺了土地所有人对其土地"全部"的在经济上有利之使用时，就构成了"准征收"，此时就不需要通过宾夕法尼亚州中心车站诉纽约市案中的三要素标准进行权衡判定了。联邦最高法院又回到了依据个案事实来衡量的一般规则上来。

3.3.6 洛雷托诉曼哈顿有线电视公司案（Loretto v. Teleprompter Manhattan，1982）

1. 基本案情

纽约法律授权有线电视公司将其设备组件安装在业主的财产上，如楼顶，业主不得干扰安装，并且不能要求有线电视公司向任何租户付款以允许有线电视的安装，或要求有线电视公司向他们付款超过州认为合理的数额（定为 1 美元）。业主可要求有线电视公司或租户承担安装的费用，并赔偿因此造成的任何损失。洛雷托（Lerotto）购买物业之后才发现电缆的存在。她于 1976 年代表涉及安装设备的所有不动产所有者，对曼哈顿有线电视公司提起了集体诉讼，诉称该公司的设备安装是非法入侵，并且依据纽约法律构成没有补偿的征收。上诉人要求赔偿和禁令救济。

2. 判决结果

问题是：在纽约法律的授权下进行的有线电视公司的安装行为，是否达到征收标准并需要补偿？联邦最高法院的答案是肯定的。纽约上诉法院的判决被撤销，案件被还押。本案原告洛雷托胜诉，投票结果为 6∶3。

3. 简要分析

政府授权的永久性物理入侵是不考虑其可能服务的公共利益的。永久物理入侵他人财产构成征收，这种征收是对业主利益的严重侵犯。在这种情况下，在征收下占据的地产面积的大小并不重要。本案的标准是：永久物理占领他人财产构成征收。下列三个概念是有区别的：持久的物理入侵、短期的物理入侵、一个仅仅限制财产使用的管制。如果政府的作为乃是对财产的永久性的物理侵占，无论是为了重大的公共利益，还是所造成的经济影响轻微，依然构成必须给予补偿的征收。物理入侵（physical occupation）等于本身征收，它剥夺了财产权利束中的排外权。政府授权的永久物理占领构成征收，不论其服务的公共利益有多大。有不同意见不认为这构成了征收，因为入侵是轻微的，不构成大的物理入侵。在这种情况下，宣布物理入侵的明线（bright-line），明确关于征收的规则是非常重要的。政府授权的永久物理占领确认构成一种征收。

3.3.7　宾夕法尼亚中心车站诉纽约市案（Penn Central Transportation Co. v. New York City，1978）

1. 基本案情

1965 年的《纽约市地标保护法》（New York City Landmark Perseveration Law）授权城市指定某些建筑和邻里作为"地标"或"地标地块"，规定一旦被划为古迹文物，原私有产权者仅有使用权利并负有维护责任，而没有改变古迹原貌权且产权归纽约市管理。宾夕法尼亚中心车站是纽约最大的两个火车站之一，已经有上百年历史了，因此被纽约市政府划入古迹保护之列。1978 年宾夕法尼亚中心车站管理机构计划将原来的老车站改建成一座 55 层的新车站和办公楼，纽约市政府禁止实施这一工程。

依照《纽约市地标保护法》，宾夕法尼亚中心车站的不动产价值将大为降低，将为所谓的地标保护付出无补偿的沉重代价。车站管理机构认为，该车站自百年前动工那一刻起就是自己的财产，因为年代久远而成为文物，而且产权也归纽约市管理，这不合理。因此，车站管理当局引用宪法第五修正案，以没有得到合理补偿为由把纽约市政府告到了法院，最后上诉到联邦最高法院。

2. 判决结果

联邦最高法院宣判纽约市胜诉，投票结果为3∶6。联邦最高法院认为，纽约市只是依据《土地分区管制法》对车站进行保护，宾夕法尼亚中心车站并没有被纽约市"拿走"。纽约市并不禁止车站当局继续使用该建筑并且获利的权利，因此不存在征收却无合理补偿这一说法。纽约市政府成功地利用警察权力和《土地分区管制法》保护了文物古迹。

那么，对宾夕法尼亚中心车站的限制是否构成违反宪法第五修正案和第十四修正案的"征收"？答案是否定的。法院认为，所施加的限制并未阻止宾夕法尼亚中心车站将来在车站上方进行修建。纽约市政府反对的是项目建设的性质，而不反对"改良"车站。禁止在车站上方建造一个50多层的建筑是一个合理的限制，与城市的一般福利有实质性的相关性。实际上，虽然宾夕法尼亚中心车站败诉了，但是判决后，原告和纽约市政府采取了变通方法，修改了宾夕法尼亚中心车站的建设设计方案，纽约市政府并没有刻板地禁止宾夕法尼亚中心车站改良其不动产，还给予其变相的补偿，允许它在其他位置增加容积率，双方取得了双赢。

3. 简要分析

判案标准是看是否符合三因素平衡检验：对诉求者的经济影响、干扰了显著的基于投资的预期、政府行为的特征。本案构建了一个一般判断管制征收的规则，提出了社会互惠概念。联邦最高法院认为，判断何时有管制征收发生，基本上要依据个案事实来认定。本案也提出了一些问题，如地标保护限制是否构成征收？发展权移转是否是一种公正补偿？总体看来，本案是一个标志性案件。

判决词（部分）：法官布里兰（Brennan）代表法院发表意见。本案提出的问题是，作为保护历史地标和历史区的综合计划的一部分，一个城市是否可以限制个别历史地标的开发（除适用的分区管制条例施加的规定外）而不构成要求支付公正补偿的征收。具体来说，我们必须决定将《纽约市地标保护法》适用于宾夕法尼亚中央车站占用的土地是否实质上"征收"了其所有者的财产，从而违反了宪法第五修正案和第十四修正案。在过去50年里，所有50个州和500多个城市颁布了法律，鼓励或要求保护具有历史或美学重要性的建筑物和地区。这些全国性的立法努力由两个问题引起。第一个问题是，人们认识到近年来有大量的历史性建筑物、地标和地区被破坏，而没有充分考虑其所代表的价值或保护这些被破坏的财产可（改变用途）用于更有经济性和效率用途的可能性。第二个问题是一个共同认知的信念：具有特殊的历史、文化或建筑意义的建筑提高了所有人的生活质量。这些建筑及其工艺不仅代表了过去的经验，体现了历史遗产的珍贵性，而且成为今天生活品质的参照物。历史保护只是一个更大问题的一个方面，基本上是一个环境问题，是为了增强人们的生活质量。

3.3.8　诺兰诉加利福尼亚海岸委员会案（Nollan v. California Coastal Commission，1987）

1. 基本案情

加利福尼亚海岸委员会（以下简称"海岸委员会"）要求海滨财产的所有者在试图获得建筑许可证时，必须保持他们的财产有向公众开放的路径。

诺兰（Nollan）在加利福尼亚州文图拉（Ventura）县有一块土地，土地北部 0.25 英里处就是法瑞阿县公园，这是临海的公共公园，海滩地带是休闲区。另一个海滩，当地叫"the Cove"，位于其地块南边 1800 英尺处，一个 8 英尺高的混凝土海墙将海滩和诺兰的土地分开。历史性中潮水水位线决定了临海的边界。诺兰最初租赁了土地，有购买期权。土地内的建筑是一个小的平房，占地 504 平方英尺，偶尔租给夏季的度假者。多年出租之后，由于建筑老化，不能再出租了。诺兰的购买期权的前提是拆除平房并翻建，为此，诺兰试图从海岸委员会获得建筑许可证。1982 年 2 月 25 日诺兰递交了申请，计划拆除并建设一个三居室的住房，其他部分不变。诺兰被告知，其申请被列入日程，海岸委员会建议批准之前必须满足以下条件：允许公众穿过他们土地的一部分，在海墙和中水位之间土地设置地役权。这将便利人们在法瑞阿县公园和海滩之间通行。诺兰反对该条件，但海岸委员会驳回反对意见并维持该决定。

2. 判决结果

1982 年 6 月 3 日，诺兰提起政府禁令申请，要求文图拉县高级法院驳回该条件。诺兰认为该条件缺乏证据：他们的开发对公众进入海滩有直接的负效应。法院同意且要求海岸委员会提交证据性听证会。按照要求，海岸委员会举行了听证会，之后作出了进一步的事实性结论，确认了该条件。海岸委员会发现新建住房有碍海岸景观，"居住建筑的墙壁将阻止公众从心理上的去认识到海岸线的延伸美感，侵犯他们的游览权利。新的住房将会增加海岸的私人使用，这些住房建设及其他区域开发将累积性地增加公众沿着海岸通行的不便"。海岸委员会要求诺兰对此加以补偿，提供额外的前往公共海滩的侧路，在土地上提供地役权。海岸委员会注意到其施加过类似的条件，在 60 个建筑申请中有 43 个开发许可附有条件，有 17 个无条件。诺兰向文图拉县高级法院提交了补充性政府禁令请求，认为该条件违反宪法第五修正案，也不符合第十四修正案。高级法院判定：基于法律发现，加利福尼亚 1976 年法案授权委员会施加该条件的前提是，当拆除老建筑并更新一个独户住宅时，会对公众进入海滩带来不利影响。高级法院认为行政记录并未提供足够的事实基础，来证明这样做会产生直接的和累积的公众进入海滩的负担。对应地，高级法院颁发禁令且驳回许可条件。

海岸委员会上诉到加州上诉法院，上诉法院驳回了文图拉县高级法院的判决，认为诺兰关于征收的诉求是不成立的，虽然海岸委员会施加的条件降低了其土地价值，但未剥夺其全部的合理的财产使用。诺兰向联邦最高法院提起上诉，只提出了合宪性问题。如果加利福尼亚海岸委员会只需要诺兰在公众永久进入的基础上，在其海滨附近提供一个地役权，以改善公众进入海滩的便捷性是可以的，但在诺兰为重建他们的房子申请许可的特殊时刻才要求其提供地役权，则是不合适的。因此，我们毫无疑问会认定这构成征收。原告诺兰胜诉，投票结果为 5∶4。

3. 简要分析

这是一个有关政府实施的苛征（exaction）是否恰当、是否和公共利益关联、是否有公共目的的问题。在政府为了提供合法的州利益和政府对其要求的开发条件之间必须存在一种"必要的关联"。施加条件的类型必须对应同样的新开发引起的效应类型。政府施加的诸如捐献地役权等条件必须严格谨慎，关联程度很关键；而且存在接触（touching），即政府施加了对财产的物理干预（在其土地上通行）。但是，从某种程度上看，诺兰—多兰规则过于重视对于开发者财产权益的保护，不利于合理的管制。法官之间的意见出现分歧。法官斯嘉丽亚（Scalia）发表了法院意见。该政府要求的条件是否违反宪法第五修正案和第十四修正案从而构成对地产的征收？联邦最高法院认为"是的"。法院认为，可以通过维持"沿海岸连续可公开的海滩地带"来提供合法利益。然而，理性的斯卡利亚大法官认为，如果加利福尼亚海岸委员会希望使用其征收的权力这样做，它必须向诺兰和其他海滨业主提供公正的补偿，以供公众使用他们的土地。

3.3.9 多兰诉提嘉德市案（Dolan v. City of Tigard, 1994）

1. 基本案情

多兰案与诺兰案有关联，它进一步明确了构成征收的标准。多兰（Dolan）女士在俄勒冈州提嘉德市（Tigard City）拥有一家管道和电器商店，她获得了城市规划委员会的条件性批准，以扩大其商店并铺设停车场。这间商店西面是一条小河，东面是一个停车场，这些都是多兰女士的私有土地。多兰女士打算扩建自己的商店，因此向提嘉德市提出申请。提嘉德市政府批准了她的扩建申请，但同时根据市《社区管理法》，要求多兰女士捐出商店西面河边的空地用以未来建防洪堤，东面捐出一长条地用于建公共自行车道。多兰女士认为这是明火执仗的抢劫，市政厅则认为这是法律，双方一直把官司打到了联邦最高法院。

2. 判决结果

俄勒冈最高法院判定许可证与对受益人施加的条件之间有合理的联系，因此根据宪法第五修正案，该条件不构成违宪。原告多兰女士质疑俄勒冈州最高法院的裁决，认为其一部分财产被要求捐献用于防洪和改善交通，只有如此提嘉德市才可以批准她的建筑许可证。联邦最高法院首席法官伦奎斯特宣判提嘉德市政府败诉。多兰在联邦最高法院胜诉，投票结果为5∶4。伦奎斯特大法官引用的判例就是诺兰案，他认为提嘉德市政府对多兰女士的土地要求和维护公共利益没有必然联系（essential nexus），因此这种要求是政府征收行为。他在此案中提出了一个"大致比例性"（rough proportionality）法律概念取代以往的"合理关系"（reasonable relationship）来判断私有财产被施加的义务和相对应所提供的公共利益的关系。对于这二者的关系，伦奎斯特用一种比较客观的计算方式取代了过去含糊的人为判断。虽然他也认为精确的数学计算不必要，但是市政府在对个案作决策的时候，一定要在获取土地时弄清楚其行为对开发土地本质和范围造成的冲击。

实际上，提嘉德市之前颁布了一些法律，提倡绿道建设以缓解交通压力；同时推进城市洪水排水系统建设。建设者应该对其建设对排水造成的不利影响进行"内部化"。这些法律的本意都是好的。但是，提嘉德市政府所要求的条件是否与多兰行为造成的影响足够"匹配"呢？这值得怀疑。多兰认为提嘉德市政府的要求似乎与其商店和停车场的扩建无关，她对俄勒冈州土地使用委员会的决定提出上诉。土地使用委员会设法确定了许可证和所提要求之间的关系，表明建设扩大到多兰女士的商店和周围地区会增加排水进入溪流的径流以及改善该地区的交通。

3. 简要分析

联邦最高法院的微弱多数意见（原告胜诉）由法官伦奎斯特作出，他认为政府不能强迫个人接受对其宪法权利的侵犯以作为获得许可证的代价，不能像俄勒冈最高法院那样确信许可证与条件之间存在合理的关系。他写道，政府必须表明存在与许可证条件直接相关的合法国家利益，并且给财产所有者造成的负担要与许可证赋予其的利益相称。

虽然政府已经实现了第一步，但没有达到第二步。证据没有表明，对商店和停车场的扩建将产生足够重大的负面影响，使得需要增加通道和公共绿道来抵消它们的负面影响，即多兰建设的影响与所要求的规划条件之间缺乏"大致比例性"，这是一个更高的司法审查条件。本案是诺兰案的深化，如果存在合理联系，在施加的条件和新开发所引发的负担或影响之间必须还有一个大致的比例。负担政策对当事人的利益造成多大程度上的影响，是否符合大致比例原则是判断标准。这项决定限制了政府的权力。给予财产所有者开发许可，要求其向地方政府转让财产，在利益和负担方面必须大致成比例，而不仅仅是具有合理联系。通过诺兰案和多兰案，司法构建了明确的对准征收能否成立的审查标准。

3.3.10 泰浩湖保护委员会诉泰浩湖区域规划局案（Tahoe-Sierra Preservation Council，INC. v. Tahoe Regional Planning Agency，2002）

1. 基本案情①

泰浩湖是位于美国加利福尼亚州与内华达州之间的高山湖泊，四周山峰环抱，湖水澄净湛蓝，为北加利福尼亚州旧金山湾区人度假的首选之地。该湖分属两州管辖。由于宜人的自然环境和毗邻美国第二大赌城雷诺市（Reno City）的优势，很多富人在这一区域置地建屋。由于湖边房屋开发迅猛，人口不断增长，泰浩湖周围水土流失严重，并导致藻类衍生、湖水污染，生态遭受严重威胁。为了应对这种无序开发，1969 年加利福尼亚州政府联合内华达州政府成立了联合管理委员会，即泰浩湖区域规划局（Tahoe Regional Planning Agency）（以下简称"规划局"）。规划局应用《土地分区管制法》开始实施分区管理：根据水土流失和地理构造实际情况，禁止新建房屋和对原有建筑物进行改造，对未开发地区实施隔离，禁止任何人进入。

由于规划局措施不力，周围私宅对泰浩湖的污染问题一直没有解决。加利福尼亚州政府再次联合内华达州政府于 1980 年重新组成新的规划局，开始对泰浩湖实施极度严格的管理。泰浩湖区域规划局（TRPA）于 1981 年 8 月 24 日至 1983 年 8 月 26 日和 1984 年 8 月 27 日至 1984 年 4 月 25 日期间共计 32 个月，两次暂停在太浩湖盆地的开发，禁止任何新房屋建设，同时对严重污染湖水的房屋实施拆除，并且不予补偿；同时制订了该地区的综合土地利用计划。这一措施使那些土地所有者们花大价钱买下来的土地变得毫无经济利用价值，并且还得私人继续投钱维护生态。

① 雷少华：《美国宪法、国家警察权力与土地管理》，收录于北京大学中国与世界研究中心：《研究报告》，2009 年。

2. 判决结果

面对强大的国家警察权力，1984 年，泰浩湖周围这些土地所有者们联合起来，组成"泰浩湖保护委员会"（Tahoe-Sierra Preservation Council），起诉规划局的行动构成了没有补偿的征收。地区巡回法院裁定，规划局没有实行部分征收；然而暂停开发确实构成了类型（categorical）征收，因为规划局暂时剥夺了房地产所有者所有经济上可行的使用土地的方式。但上诉法院在驳回时认为，由于暂行执行条例只是暂时性的影响，并没有发生类型征收。州最高法院和地区巡回法院均支持泰浩湖区域规划局的禁建令，并且不予赔偿。于是，泰浩湖保护委员会上诉至联邦最高法院。联邦最高法院最终裁决泰浩湖区域规划局胜诉，并维持地区巡回法院的判决。联邦最高法院认为，泰浩湖案不适用卢卡斯案判例，而适用宾夕法尼亚中心车站案判例。

3. 简要分析

在制订综合土地利用计划的过程中，暂停开发是否构成对财产本身的征收，以至于需根据宪法第五修正案的"征用条款"要求赔偿？联邦最高法院认为不是的。在法官约翰·保罗·史蒂文斯提出的意见中，联邦最高法院认为，只是颁布暂停执行条例，并不构成本身征收土地所有者财产。是否发生征收取决于对土地所有者的期望、实际影响、公共利益和暂停原因的考虑。此外，法院的结论是，通过一项明确的类型规则，即任何剥夺一切经济利用，无论时间多么短，如果这样就认定它构成应予赔偿的征收，都将对政府处理土地使用申请的正常拖延形成不必要的压力，且有可能被认定是对政府自身施加了不合理的财政义务。联邦最高法院判决原告败诉，投票结果为 3∶6。

本案的主要争议点在于，区域规划局的禁建令并非"永久地"剥夺了土地的"全部"经济利用价值，此时，是适用卢卡斯诉南卡罗来纳州海岸委员会案中确立的当然准征收规则，还是回归一般规则中的三要素权衡分析？本案的判决一定程度上结束了政府对管制性征收给予赔偿的历史，即强化了国家警察权力和《土地分区管制法》，明确了以公益为目的的管制性征收并不适用于宪法第五修正案的征收条款。

联邦最高院明确认定，本案应当适用宾夕法尼亚中心车站诉纽约市案确立的一般规则。"概念性分割"的观点是无效的，因为法院必须关注"地块整体"。有限期的暂停不构成本身征收。法官史蒂文斯（Stevens）代表法院发表意见。史蒂文斯在联邦最高法院裁决中认为：如果所有（管制性）征收都要求政府补偿的话，那么征用本身将导致政府管理成为一个很少有政府能够负担得起的奢华事情。……如果没有这些土地管理法，土地所有者们必将在综合管理计划出台之前有加快建造私有房屋的动机，这将导致一个毫无效率和病态的增长。毫无疑问，此案判决是宾夕法尼亚煤炭公司诉马洪案法官布兰代斯观点的回归，历史的车轮正好走了80年。如果说诺兰案和多兰案还有政府"敲竹杠"之嫌，那么泰浩湖案与卢卡斯案根本没有本质区别，都是禁止建房而导致土地所有者们所购土地毫无经济价值，只不过一个是在海边，一个是在湖边。所谓的判例不适用仅仅是一个措辞罢了。究其原因，还在于那些年兴起的环境保护思潮。海水净化能力远远高于湖水，泰浩湖旁边这些私宅对湖水的破坏要经过上百年才能恢复。因此，普通美国人也很少对这种给环境造成破坏的土地所有者们给予同情，这也是从加利福尼亚州政府到联邦最高法院态度极其强硬的主要原因之一。此案判决影响是极为深远的。它在一定程度上结束了政府对管制性征收加以赔偿的历史，即强化了国家警察权力和《土地分区管制法》的效力，明确了以公益为目的的管制性征收并不适用于宪法第五修正案的征收条款。另外，它同时承认只有物理征收才应给予合理补偿，这又保护了私人财产不受非法侵占。

此案判决是布兰代斯法官观点的回归，也为美国其他地方政府以公益目的实施警察权力提供了法律保护。这也变相说明：如果社区或公众决议修订法律或规划法，而且其公共利益非常明显，对社会非常必要，那么对可能导致的不动产价值贬损，政府立法或其他行为不构成准征收，从而当然不需要补偿。

3.3.11 昆茨诉圣约翰河管理区案（Koontz v. St. John's River Water Management，2013）

1. 基本案情

1972年，昆茨（Koontz）在佛罗里达州奥兰治县购买了14.9英亩的未开发房地产。该房地产位于佛罗里达州50号公路南侧，距离50号公路和奥兰多收费高速公路的交叉口不到1000英尺，佛罗里达州公路408A17高压电线将土地一分为二，形成北部和南部两部分。一条排水沟将该地产的西部边缘分割为一条直线，其作用是将北部与其他未开发土地分隔开。

虽然昆茨地产的北部先前被佛罗里达州划为湿地，但排水情况却非常好。该地产的南部更为多样化，因为它包含一条小溪、森林覆盖的高地和一英尺深的湿地，以及各种各样的动物种群。由于其位于伊肯洛克阿谢（Econlockhachee）河的支流上，昆茨购买的14.9英亩土地几乎全部被圣约翰河管理区（以下简称"管理区"）指定为河岸栖息地保护区内水文流域的一部分。

几年后，昆茨决定开发其土地上的一个港口，并据此向圣约翰河管理区申请MSSW

和 WRM 许可证，以符合佛罗里达州的环境保护法。在向圣约翰河管理区提出的建议中，昆茨阐述了他的发展计划：（1）提高土地北部的海拔，使其能够维持一座建筑；（2）将土地从建筑工地南边挖除一部分，降低高度以适应高压电线；（3）挖掘一个干河床池塘，以保持和逐渐释放雨水。为了减轻其开发对环境的影响，昆茨随后提出对剩余的 11 英亩土地实施保护性地役权。在这样做的同时，昆茨试图停止对剩余财产的任何潜在未来开发。

圣约翰河管理区政府认为昆茨的提议，包括他提出的授予保护地役权的提议是不充分的，并通知昆茨，只有在他同意管理区提议的两个特许权之一的情况下，圣约翰河管理区才会批准他的建设提议。为获得管理区的批准，昆茨打算：（1）将他的建设项目规模缩减至 1 英亩，同时将剩余的 13.9 英亩土地作为保护地役权转让给圣约翰河管理区；或（2）按照提议进行开发（在 3.7 英亩土地上建造，同时为剩余土地向圣约翰河管理区授予保护地役权），并亲自雇用外部承包商，在几英里外的 50 英亩管理区拥有的土地上进行近 1500 万美元的改良。

2. 判决结果

在权衡了圣约翰河管理区的缓解规定与他计划的房地产开发可能造成的环境影响后，昆茨在佛罗里达州法院提起诉讼，对管理区提出四项指控。首先，昆茨声称，佛罗里达州法规第 373.413（1）条以及第 373.415（4）和（5）条违反宪法规定，将立法权授予圣约翰河管理区，违反了《佛罗里达州宪法》的不可剥夺原则。昆茨声称，圣约翰河管理区没有创建伊肯洛克阿谢河水文流域的立法权限。其次，昆茨声称，佛罗里达州法规第 373.414 节违反宪法，将举证责任交给了寻求土地使用许可证的申请人，以合理的保证证明房地产项目不违背公共利益。再其次，昆茨声称，圣约翰河管理区扣留其土地使用许可证的行为构成了对其"经济上可行的财产使用权"的剥夺，因此导致了违反宪法的行为。最后，昆茨辩称，圣约翰河管理区拒绝批准其许可证提议，作为回应，管理区提出了驳回动议，该动议得到佛罗里达州第九巡回法院的批准。在上诉过程中，佛罗里达州地方上诉法院集中审理了昆茨申诉的两个主要部分。首先，上诉法院确认了巡回法院的裁决，即根据佛罗里达州的法规将权力下放给圣约翰河管理区。其次，法院推翻了巡回法院的裁决。由于地区拒绝其许可证申请，昆茨对其财产的准征收问题没有得到及时解决。上诉法院认为，没有任何法律要求业主在开发其财产的过程中如被拒绝，必须继续提交报价，直到管理机构最终批准，然后他才能诉诸法庭。但反之，如果管理机构最终拒绝了申请，并且业主不想为了可能获得批准而作出任何进一步让步，那么诉讼时机和条件才能成熟。上诉法院驳回了昆茨的上诉，并将案件发回巡回法院。

发回重审时，佛罗里达州第九巡回法院举行了听证会，以确定圣约翰河管理区的缓解要求是否构成对昆茨财产的管制性征收。巡回法院参考了联邦最高法院在诺兰诉加利福尼亚海岸委员会案以及多兰诉提嘉德市案中的判决（诺兰/多兰检验）确立的土地使用权征收规则。诺兰/多兰检验确立了：（1）必须有一个"对开发施加的条件"与建筑限制的政府目的之间的合理联系；（2）实施限制的公共机构须显示从业主那里索取的财产与推进国家利益之间的大致比例。在对手头的案件进行诺兰/多兰检验之后，巡回法院认为，圣约翰河管理区的大量场外缓解条件导致了对昆茨财产的管制性征收。

圣约翰河管理区对巡回法院关于给予昆茨对其财产的临时征用补偿的最终裁决提起上诉。佛罗里达地区上诉法院承认巡回法院使用了诺兰/多兰检验，并指出圣约翰河管理区没有对支持下级案件的证据的事实认定提出任何质疑法院的有效观点。相反，圣约翰河管理区将上诉集中于以下论点：《佛罗里达州水资源法》第373.617（2）条将巡回法院的审查范围限制在那些宪法可以证明的案件上。在考虑圣约翰河管理区的论点时，上诉法院处理的问题是，当土地所有人拒绝同意政府的不当请求导致许可证被拒绝时，是否可以认定是不当索求。根据多兰诉提嘉德市案的判决，法院的结论是，联邦最高法院先前决定，索求发生在要求开发商做一些事情作为获得市政批准的条件时。

接下来，法院审议了圣约翰河管理区提出的第二个问题：如果在所施加的条件不涉及土地的实际奉献，而是用于改善的资金支出时，是否存在管制性征收的诉讼理由。法院再次指出，通过埃利希诉卡尔弗城案的裁决，联邦最高法院含蓄地认为，许可证批准的货币条件仍受多兰诉提嘉德市案大致比例标准的制约。总之，上诉法院确认巡回法院的裁决，即昆茨的财产受到管制性征收，并进一步向州最高法院证明了这些问题。

2011年，佛罗里达州最高法院同意下级法院提出的问题具有重大的公众意义。因此，州最高法院提出以下问题供审查：美国宪法第五修正案和佛罗里达州宪法第10条第6（a）款是否承认根据诺兰诉加利福尼亚海岸委员会和多兰诉提嘉德市案认定构成征收，在这种情况下，不动产的任何权益不得强制用于公共用途，而且所称的征收是许可证审批时的非土地使用货币环境，从未发生过、也从未发放过许可证？

在对美国宪法和佛罗里达州宪法的征收条款进行广泛审查之后，佛罗里达州最高法院认为，只有当政府要求的条件/要求涉及业主在实际工程中的利益或超过业主在实际工程中的利益时，才适用诺兰/多兰检验中关于基本联系和大致比例的规定。

最终，佛罗里达州最高法院认为，地区上诉法院认为圣约翰河管理区提出的要求适用诺兰/多兰检验是错误的，因为本案的要求是金钱要求，而不是不动产权益的奉献。最高法院进一步指出，即使它同意适用诺兰/多兰的非货币捐，昆茨的诉求仍将失败，因为圣约翰河管理区拒绝批准其土地开发许可证。在所有情况下，法院均宣布，未发生违反宪法的对昆茨财产的征收，并将该案件发回重审，以进行与其法律裁定一致的诉讼。

2012 年 6 月，昆茨的儿子小昆茨代表其父亲向联邦最高法院提出上诉。联邦最高法院批准了调卷，并于 2013 年 6 月 25 日发表了意见，解决了在本案中长期困扰佛罗里达州最高法院的两个主要问题：（1）如果土地使用许可证被拒绝且没有任何财产被征收，判令违宪征收的诉求是否能够成功？（2）对金钱而不是不动产的需求是否会导致违宪征收（根据诺兰/多兰检验）？联邦最高法院在这两个问题上都支持昆茨，并认为政府对土地使用许可证申请人的缓解要求必须满足诺兰/多兰检验，即：（1）许可证被拒绝；（2）要求是为了金钱。

联邦最高法院承认政府不能剥夺行使宪法权利的个人的利益，在关于第一个问题的一致决定中澄清了本案适用的法律规则。联邦最高法院指出，诺兰/多兰检验是构成违宪之政府要求学说的"特别适用"，它是为了支持宪法列举的权利，禁止政府"强制剥夺行使这些权利的人的利益"。联邦最高法院指出，"在诺兰/多兰案，政府可以选择是否和如何要求许可证申请人减轻拟议开发的影响，但它可能不会利用其在缓解方面的合法利益来追求与这些影响缺乏基本联系和大致相称性的政府目的"。联邦最高法院进一步澄清，诺兰/多兰原则不会改变，"取决于政府是否批准许可证，条件是申请人交回财产或因申请人拒绝如此而拒绝给予许可"。在作出这种裁定时，联邦最高法院在很大程度上依赖其以往的裁定。法院断定，根据违宪要求原则，因为政府利益而拒绝许可是不被允许的。

关于第二个问题，多数派指出，引起违宪要求学说的并不是需求本身的具体情况，但政府的行为是向某人施加压力，迫使他做一些宪法没有权力命令其做的事情。联邦最高法院考虑了地区法院的论点，即支付金钱的义务永远不能为征收构成判定提供依据，并得出结论，接受这一论点只会减轻对土地使用许可官员规避诺兰/多兰检验的限制。此外，联邦最高法院承认，施加给土地所有者的金钱义务大大加重了该特定土地所有权的负担。实质上，联邦最高法院接受了昆茨的论点，即"当政府命令放弃与特定可辨认财产权益有关的资金时，应予开展本身征收（per se）分析"。通过将财产权益从土地所有人转移给政府，法院认定这样的任何要求都将构成本身征收，并应进行相应的审查。

卡根等多位法官提出的异议主要集中在第二个问题上，即将诺兰/多兰检验扩展到货币捐。同时，他们同意大多数人的意见，即诺兰/多兰检验不仅适用于政府批准有条件的开发许可证的情况——当业主被要求移交部分财产权益，以及当政府在业主不满足条件就拒绝许可证时。持不同意见的人对政府规定的财政义务同样会触发征收条款这一理论提出争议。

持异议的大法官解释说，只有在法院确定要求个人向政府付款或代政府花钱构成违宪行为的情况下，诺兰/多兰检验才能适用于上述情况。然而，持异议的法官辩称，该法院以前从未确定这种规则。法院承认要求个人支付修复公共湿地费用的命令并不影响"具体和确定的财产权"，而是规定了履行这项行为的义务，持异议者不能认为目前的情况构成了另一种情况。反对意见认为，政府强制执行支付款项的行为并不违宪，因此，不会触发使用诺兰/多兰检验。

此外，持不同意见的人认为，通过应用诺兰/多兰检验来满足要求货币支付的违宪审查条件，大多数人将征收条款扩大到了当地土地使用管制和服务供给的核心，同时加强了对一般金钱支付要求的审查。这取决于其以前关于东方公司诉阿普费尔案（Eastern Enterprises v. Apfel）的判决，持不同意见的人宣称，"诺兰/多兰检验不适用于政府将一般财政义务作为许可程序的一部分，因为根据阿普费尔案，这样的行动不会以其他方式触发征收条款下的保护"。通过扩大诺兰/多兰检验的行使范围，少数人申明，多数人的决定"至少"剥夺了州和地方政府"必要的可预见性"。因此，持异议的法官得出结论：政府只有在占有特定财产权益时才构成征收，而不是在要求某人支付费用或花钱时采取行动。

除了不同意多数人将诺兰/多兰检验扩展到货币性征收外，持异议的法官还声称，征收条款分析是不适当的，因为本案从未涉及违宪条件。持异议的法官认为，昆茨未能获得许可证批准并不是他拒绝接捐献要求或某些条件的结果。相反，法官们认为，被拒绝开发许可是由于他的申请在法律上不充分，再加上他不愿意以任何方式予以纠正。持不同意见的人发现，圣约翰河管理区向昆茨提供了几种方式，使他既能申请许可证又能修改方案以符合佛罗里达州立法机关设定的法律界限，然而昆茨拒绝接受这些建议。因此，持不同意见者的立场是，圣约翰河管理区没有施加违宪条件，因为从来没有实际施加过任何条件。因此，少数派认为征收的法律分析不适当。

3. 简要分析

本案是诺兰案和多兰案情况的叠加，同时施加了货币捐和土地捐的条件。塞缪尔·阿利托大法官所做的法院意见认为，政府不得有条件地批准土地使用许可，除非该条件与土地利用有关，并与拟议土地利用的影响大致成比例。该标准甚至适用于政府不批准许可证但要求在批准许可证之前满足某些条件的情况。这样的要求相当于向申请人索取财产或金钱，对申请人对土地的所有权造成了负担。这种负担降低了土地的价值，违反了宪法保护。

卡干法官提出了一项反对意见，她认为，对政府有条件批准土地使用许可证的能力的限制不适用于货币捐，适用这些限制可能会抑制地方政府收取合理许可费的能力。

此案的判决结果是5:4，也显示了法官们之间存在着巨大分歧。

3.3.12　帕拉佐洛诉罗德岛案（Palazzolo v. Rhode Island，2001）

1. 基本案情

帕拉佐洛（Palazzolo）在罗德岛拥有一片海滨地块。1959 年，为了获得罗德岛土地的滨水区，帕拉佐洛和合伙人成立了海岸花园公司（SGI）。在海岸花园公司购买房产后，帕拉佐洛买下了其合伙人的股份，成为唯一股东。一直以来，盐沼的大部分财产都受到潮汐泛滥的影响。在建造重要的建筑物之前，湿地和渗透性土壤需要大量的填料。多年来，海岸花园公司断断续续地申请开发这处房产，但遭到了各政府机构的拒绝。1966 年以后的十多年没有再提出申请。然而，这十多年间发生了两个重要事件。一是，1971 年国家成立了罗德岛海岸资源管理委员会（以下简称"委员会"），并责成它保护国家的海岸财产。该委员会的条例，即《罗德岛海岸资源管理计划》（CRMP），将像海岸花园公司财产中的那些盐沼指定为受保护的"海岸湿地"，开发受到很大限制。二是，1978 年海岸花园公司被撤销，财产所有权转给了公司唯一的股东帕拉佐洛。1983 年，帕拉佐洛向市政局申请许可建造一个木制的舱壁，并填平其整个沼泽地。委员会驳回了这一申请，认为它与该州的湿地条例相冲突。1985 年，帕拉佐洛向委员会提交了一份新的申请，请求批准该地产 18 英亩湿地中的 11 英亩土地的建设，以便建立一个私人海滩俱乐部。委员会也驳回了这一申请，裁定该提案不符合获得填补盐沼的"特别例外"的标准，因为拟议的活动必须有令人信服的公共目的。随后，帕拉佐洛向罗德岛高等法院提起反向征收诉讼，诉称该州的湿地条例影响了其土地的开发和价值，构成了违反宪法第五修正案和第十四修正案的财产无补偿性征收。该诉讼称，委员会的行为剥夺了他对其财产的"所有经济利益使用"，导致根据卢卡斯诉南卡罗来纳州海岸委员会案要求赔偿的全部诉讼理由成立，并要求赔偿 3150000 美元，这一数字来源于一位评估师对 74 个住宅土地细分价值的评估。罗得岛高等法院对原告作出裁决认为：（1）原告的征收要求还不成熟；（2）原告无权对 1978 年以前的法规提出异议，当时他继承了财产的合法所有权；（3）鉴于无可争议的证据表明，原告在一块高地上的地产还有 20 万美元的开发价值，原告不能以拒绝对其财产的所有经济用途为由提出征用索赔；（4）因为有关条例发布时间早于原告获得所有权的时间，原告不可能有合理的投资支持预期，原告可以开发他的财产，因此，无法适用宾夕法尼亚中心车站诉纽约市案判决。

2. 判决结果

问题是，获得土地所有权的所有人是否受湿地法规约束，是否仍然能根据宪法第五修正案提出征收诉讼请求？联邦最高法院认为"是的"。原告帕拉佐洛胜诉，投票结果为 5 : 4。在联邦最高法院法官肯尼迪发表的多数派意见中，法院认为州最高法院裁定帕拉佐洛的诉求不成熟是错误的，并裁定在条例生效日期后获得土地所有权的所有人禁止提起征收诉讼请求。法院的错误不在于发现帕拉佐洛没有证据证明其地产被剥夺了所有经济价值，因为地块保留了建造住所的重要价值是无可争议的。肯尼迪法官在讨论管制征收时说："我们接受州的管制，法令颁布后所有权的后续转让，将免除州从事任何限制土地使用的管制行动的责任，无论管制多么极端、不合理。一个州实际上将被允许在'征收条款'中规定到期日期。这不应成为规则，子孙后代也有权质疑对土地的使用和价值的不合理限制。"

3. 简要分析

本案依据宾夕法尼亚中心车站诉纽约市案中确定的基准来分析。购买时的管制通知不是一个绝对的防御。即使在法令施加管制后，350 万美元的土地价值只剩下 20 万美元，也不认为当然地发生征收。因此，卢卡斯诉南卡罗来纳州海岸委员会案中所确定的当然规则被严格限定在一个很狭隘的特殊情形，而不是一个一般性的规则。本案还提出了法律适用挑战（as applied）概念，最高法院更新了成熟度检验。

3.3.13 第一英格里希福音路德教会诉洛杉矶县案（First English Lutheran Church of Glendale v. County of Los Angeles，1987）

1. 基本案情

1957 年，第一英格里希福音路德教会购买了 21 英亩土地，在土地上经营一个营地，称为"卢瑟格伦"，建有一个休养中心和残疾儿童娱乐区。这片土地位于一个峡谷中，沿着一条小溪的河岸延伸，小溪是一个集水区的天然排水沟。1978 年，一场洪水摧毁了卢瑟格伦的建筑物。为应对洪水，洛杉矶县于 1979 年通过了一项临时法令，禁止在临时防洪区内建造或重建任何建筑物或构筑物，该临时防洪区包括卢瑟格伦所在的土地。法令通过后不久，教会向加利福尼亚州法院提起诉讼，指控法令拒绝上诉人重建并使用卢瑟格伦，并要求损害赔偿金，以补偿其丧失的使用权。

2. 判决结果

法院批准了教会的诉求，其裁决依据是阿金斯诉提布伦市案。其中，加利福尼亚州最高法院裁定土地所有人不得基于"征收"行为而维持反向征收诉讼，在被质疑的管制或条例在陈述性济助或委任状的诉讼中被裁定过分，而政府仍决定继续施行该法令前，无须作出该项补偿。由于上诉人声称已实质构成征收，只要求赔偿损失，州最高法院认为，法令驳回开发卢瑟格伦土地无关紧要。加利福尼亚州上诉法院予以确认。

该法令是否违反宪法第五修正案（适用于通过宪法第十四修正案的州）？宪法第五修正案和第十四修正案阻止政府征收私有财产用于公共使用，而不向财产所有者提供公正的补偿。联邦最高法院认为该临时法令违反了联邦宪法。联邦最高法院判原告教会胜诉，判决结果为 6:3。

3. 简要分析

注意到教会的财产因未能开发而陷入困境已经超过 6 年（1979 年提交的诉讼迟至 1985 年 10 月被拒绝听证），首席大法官伦奎斯特认为，因为教会不能在此期间使用其财产，实质上发生了财产"征收"。因此，根据宪法第五修正案的"公正补偿条款"要求政府采取若干"选择"之一，如修改对财产使用的管制或给予公正补偿，以保护教会的宪法权利。最后教会胜诉了。本案依据的原则是：三因素平衡后判定是否构成征收；如何救济管制征收：如果发生征收，业主必须从颁布管制之日起获得补偿，政府不能以修改或撤回管制为借口来回避补偿。正如霍尔姆斯法官 50 多年前所指出的那样，"公众渴望去谋求改善公共状况，但政府却以简单的管制禁止开发，实质上是走捷径，这不比合宪下为此种管理行为支付补偿更好"。

如何救济呢？宪法第五修正案不是试图去限制政府权力，对财产权本身的干预是允许的，但是一旦构成征收就必须给予补偿。伦奎斯特大法官发表了法院意见，认为对"美国宪法第五修正案"的基本理解为："明确指出，它的目的不是限制政府对财产权的干涉本身，而是在发生适当干扰的情况下确保赔偿。"

3.3.14　林格市诉美国雪佛龙公司案（Lingle v. Chevron U. S. A INC.，2005）

1. 基本案情

夏威夷立法机构于 1997 年 6 月颁布了第 257 号法案，显然是为了回应对市场集中度过高对汽油零售价格影响的担忧。该法令试图通过对石油公司拥有和租赁的加油站施加某些限制来保护独立经销商。该法令禁止石油公司将现有的承租人经营商经营的加油站转换为公司经营的加油站，也不能将新的公司运营的加油站与现有的经销商经营的加油站布局在一起。更重要的是，就目前的目的而言，第 257 号法案将石油公司向承租人经销商收取的租金限制在经销商汽油销售毛利的 15% 加上汽油以外产品销售毛利的 15% 之内。雪佛龙是夏威夷州最大的石油公司之一，其在联邦地区法院中辩称，设置这个上限违反宪法并构成对其财产的征收。第257号法案颁布30天后，雪佛龙公司起诉了夏威夷州州长和总检察长。

2. 判决结果

地方法院认为，设定毛利上限是违反宪法第五修正案的，并构成了未补偿的征收，因为它没有大大地提高夏威夷在控制天然气价格方面主张的利益。法院援引了美国最高法院在阿金斯诉提布伦市案的裁决，宣布政府对私人财产的管制是："如果它基本上没有促进合法的国家利益的话就构成征收"。第九巡回法院对地方法院的判决予以确认。

法律设置的管制如果基本上没有实质性促进合法的国家利益，管制是否构成违反宪法的征收？答案是否定的。林格市政府胜诉，投票结果为压倒性的9∶0。联邦最高法院桑德拉·奥康纳法官发表法院一致意见认为，法院需要"纠正路线"，并明确指出，在阿金斯诉提布伦市案提出的"实质性促进"公式不适用于确定一项管制是否构成达到违反宪法第五修正案下的征收。征收条款对管制的挑战或否定必须基于管制对产权造成负担的严重性，而不是管制在促进政府利益方面的有效性。法院坚持认为其裁决没有"扰乱任何以前的持有（权利）"。

3. 简要分析

过去，一般认为管制必须实质性促进公共利益才能获得正当性。换言之，对产权人造成损害的严重程度更值得法院关注。本案的意义在于，征收条款对管制的挑战必须基于管制对产权造成负担的严重性，而不是管制在促进政府利益方面的有效性。这是对阿金斯诉提布伦市案的发展。"实质性推进"公式不是确定管制是否构成违反宪法第五修正案的征收的适当检验。实质推进公共利益不再是一个管制征收的检验，它是一个实质性法定程序问题，不是一个征收问题。奥康纳大法官发表了法院意见。

4. 判决词（节选）

1980前，在阿金斯诉提布伦市案中，法院宣布，政府对私有财产的管制"如果［这种规定］基本上没有提高合法的国家利益，就会认为构成征收"。从阿金斯诉提布伦市案以来，通过六个判决的重申，这种说法被纳入宪法第五修正案裁决判例中。

在当前的情况下，下级法院应用了阿金斯诉提布伦市案的"实质性推进"公式，以打击夏威夷的管制，限制石油公司向租赁公司拥有的服务站经销商收取的租金水平。下级法院认为，租金上限违反了宪法第五修正案和第十四修正案的无补偿的对私人财产的征收，因为它没有实质推进夏威夷在控制零售汽油价格方面声称的利益。这种情况要求我们决定在阿金斯诉提布伦市案中公布的"实质性推进"公式，是否依然是确定管制构成违反宪法第五修正案的征收的适当检验。我们得出结论：未构成征收。

③.4　理论分析

3.4.1　过去学者的观点

土地管制，经常表现为规划或分区，以法律或政策等方式表现。由于土地利用具有外部性，所以世界各国普遍对土地进行规划或管制；除此之外，管制有时还是一种财政工具和排外工具。土地管制是公权力对财产权施加的义务，一般属于警察权的合法行使，它的最初运用范围是国家为了改善人民健康、安全、道德和一般福利而拥有的管制行为和维持秩序的权力，但为了保护公民财产权，对该权力的运用必须加以限制。当代社会国家权力对不动产的干预是必要的，但不是不受限制的。只有予以限制，才能有效地保护公民的财产权。管制运用不当，则陷入警察权的滥用而形成准征收。此时，政府需要从越界地带撤回，或者给予利益受损者一定补偿，以维护社会的公平正义。土地管制对于房地产开发、土地权利保护、城市建设等领域都具有很广泛的影响。

不少法律经济学家们都讨论了土地管制对财产权可能构成的损害。波斯纳认为对补偿问题应持谨慎态度，即使政府管制造成了价值损失。另外，在高交易成本和绝对权利（即不受限制）面前，对财产权的清晰界定是很难的，应采取平衡的方法："绝对权利的替代方法是平衡。"

艾泼斯坦倾向于保护财产权，认为征收和准征收是国家强制财产权交易的权利，而且这种财产权的交易必须留给个人较其被剥夺的权利更有价值的权利；对国家拥有强制交易权力的关键前提是，使人类可以避免霍布斯式的无限主权者。所有管制行为，无论补偿与否，都属于征收条款的适用范围。政府行为是否为普遍的征收行为，关键是要看它对每个受其行为控制的个人的财产权造成了什么后果。实际上，现代社会更多的征收是对财产权的部分征收。对权利的部分征收是否应加以补偿，应该考虑以下三点：第一，原则上应予补偿；第二，是否补偿要看受害人是否已经获得了暗含实物补偿，这一主张表明了含蓄的实物补偿的重要性；第三，判断是否给予实物补偿的标准为：根据已经确立的三个独立检验标准来判断，某项管制是否提供了宪法所要求的暗含实物补偿（一般经济理论、再分配的动机、征收对遭受它的当事人的影响以及不成比例的程度）。

大陆法系学者依据德国的特别牺牲概念将"因违法但无责之公权力行为所生之损失"定义为"类似征收之侵害"，和"具有征收效果之侵害"一起构成应予补偿的范围。是否构成对财产权的本质损害和违反"平等原则"是关键判定原则。然而，到底财产权拥有什么内涵或者初始权利是判定的出发点，但要做到这一点并不容易，因为财产权"内容确定"或"内涵形成"与财产权限制的关系非常复杂。立法者对于财产权内涵的形成，并非可以恣意为之，仍应恪守比例原则与平等原则，且需衡量财产权应有功能，做适切之调整与形成。这和肖泽晟提出的社会对财产的一般观念可用于判定准征收构成有相通之处。这个问题和各国的财产权理念有着强烈关联。例如，有的国家明确将土地发展权定义为私权利，而有的国家则将土地发展权牢牢控制在国家手中，或者将其置于模糊地带而不在法律上予以定义。这在技术上也不是一件容易的事情。

不合理管制下准征收与合理管制下的警察权界限并不容易界定。例如，周家维、王洪平、金俭等认为，判断标准之关键在于与国家警察权的区分上，对不动产财产的限制应当遵循正当、合法、合理、合比例原则，以最大限度地达到自由与限制的平衡。无论是不动产财产权的自由，还是不动产财产权的限制，均有一个度的问题。适度限制应该具备五要素，即目的的正当性和公益性、限制行为的法定性、程序的正当性、限制功能的辅助性、手段的适度性（比例原则）。上述观点主要从法理出发，仍然不能解决如何判定"适度限制"或如何补偿的复杂社会经济问题，且都没有考虑到艾泼斯坦所言的管制给受害者带来的暗含补偿问题。在管制合理与否的模糊地带，这种暗含补偿存在与否十分关键。对于一些目的为公益性且赋予（或在管制后保留）财产权人一定权利的准征收，政府的管制行为可能免除明示的补偿责任。

即使在对财产权有成熟保护法律的国家，对政府管制行为是否构成准征收并给予补偿也存在多种意见。约瑟夫发现，环境运动迫使人们重新考虑财产权的定义，然后重构征收的法律。辨别征收（强制补偿）和警察权运用（非强制补偿）时，要看政府行为的性质。政府作为不同要求的调停者时，拥有一种宪法性权力而不应该补偿（如一些土地分区）。约瑟夫的观点与艾泼斯坦有相似之处，但他更强烈地为一些管制行为辩护。在这里，土地利用的外部性和限制的公益性是判定的两个核心。但沙克斯认为财产是竞争过程的最后结果。土地利用的妨害并不是一个好的判断可补偿性的标准。为了公众的安全和健康而实施管制不需要补偿是没有历史基础的。换言之，借口安全和健康仍然可能诱发警察权的滥用。费希尔提出正常行为标准用来判定准征收，将它作为基准权利，然后判断管制是否侵犯这种正常行为，最后决定是否构成准征收，这和埃里克松的观点类似，认为对次正常行为的管制需要补偿。麦西克认为，普通法试图在侵入个人的财产权和国家权力之间保持平衡，对社会提供利益而由少数人承担不合理成本是不公平的，而补偿规则就是在个人和社会之间的妥协。经济损失并不足以构成征收，失去了大量经济价值并不足以认定土地权利的丧失。对权利的描述是重要的。为了公益征收土地所有人的土地且没有补偿构成不成比例的负担，这是不公平的。罗静静归纳出以下四个标准：管制的目的、财产的受限程度、有无利益互惠、有无合理投资期待。她提出的有无利益互惠原则值得人们重视。王丽晖认为以"价值减损程度"为核心的两要素标准，结合特定事实审查，已成为判断管制性征收的主导性标尺。陈明灿认为判断准征收即补偿要视具体情况综合而定，应结合情状相连、区位、特性予以综合考量。以农地为例，对农地未来发展机会所为之限制，如果农地本身的发展潜力并不大则不需要补偿，而发展机会很大且实质性构成损害时，应予补偿。不能一概而论认为全部应该补偿，尤其要分析该国（地区）社会经济条件的内容及其演变情形，这个观点尤其具有说服力。

研究土地管制的过程中，土地发展权逐渐浮出水面。土地发展权开始获得中外学者们的重视，它因管制而生，在特定地区构成土地价值的主要部分。在美国，土地发展权明确属于土地所有者，但权利构成却深刻地被政府所定义，所以无论何种法律制度，这种权利实际上都被政府和土地权利人共有。

边泰明认为土地所有权中最具有经济价值的是土地开发权，以新泽西州农地保护方案为例，有些郡的农地开发价值高达市价的80%，有些郡甚至等于市场使用价值。权利属性方面，征收权和规划权是两个权力，不动产财产权与土地发展权是两个权利。土地规划权与土地发展权的冲突实质之一是宪法比例原则。土地发展权法律属性为私权。谢哲胜认为准征收制度应该考虑：无益及有害经济活动之禁止、管制下准征收检视是否以法律定之；是否具备四种公共利益之情形；采取之方式是否为促进公共利益所必要；是否仍运行所有人对其财产为经济上可行之使用。以上四点有一项是否定的，即构成管制准征收。其中，"经济上可行之使用"原则实际上暗示了基本发展权的分配。法学家更关注权利保护和权力之间的平衡问题，经济学家更关注效率和激励问题。

3.4.2　土地管制与补偿的理论分析

1. 土地发展权理论

世界各国皆有不同方式的土地管制，其必要性已经从过去的防止妨害转向了处理不完全竞争、提供公共与共同设施、改善资源的流通性、收入的再分配等。分区动机从外部性分区扩展到财政分区、包含分区等。另外，由于交易成本巨大以及人们非理性行为大量存在，通过自由协议来协调最优的土地利用行为是很难达成的，因此，人们需要让渡出自己手中的部分权利给一个类似政府的机构，来制定某种规则，这是土地管制正当性的主要来源。多数情况下，政府所制定的规则和决定受到某种投票规则或利益集团的影响。

只要存在管制，就存在发展权。土地发展权是将土地变更为不同用途的权利，是对土地在利用上进行再开发的权利，这种权利和价值受到政府管制的界定。完全不受限制的土地，不存在发展权问题，但这种情况在现代社会基本不存在。绝对的限制相当于剥夺土地所有的发展权利，完全用行政来配置资源，将陷于低效率的窘境。因此，按照社会对权利的一般概念和内涵的认同，政府一般会寻求一个"合适的"的管制强度，对土地开发的权利进行恰当的定义和分割，以获得社会福利的最大化。于是，在土地开发权利和管制强度之间就建立了一个联系：政府管制和市场共同对土地的权利进行明确和合理的界定。对特定的土地，在管制的同时，赋予其对应的开发权利。对一块土地，从帕累托最优的效率标准看，它应该具有基本的、内生的发展权。作为影响土地使用的两种权利，土地管制权和土地发展权各具功能，前者更具有公共权利色彩而掌握在政府（或一个集体）手中，后者更具私权利色彩而掌握在土地权利所有者手中，二者具有一定的对应关系且相互深刻影响。

总之，受到管制影响的土地发展权，是市场条件和政府管制共同作用下形成的混合权利。在区域内部，不同地块被确定的用途、开发时机、开发强度不同，从而实际上不仅改变了整体的市场条件，而且土地的发展权价值在空间上进行了新的配置。特定地块的发展权及其价值同时受到周边地块的影响而不能独立，它反过来也影响着周边地块的价值，这是土地市场所具有的特征（张鹏、高波，2015）。

从地租理论看，不同的土地用途和权利有不同的地租，理论上，不受任何限制和任意选择的用途租金是最高的，但这在现代社会仅仅是一种理想状态而已。所以，政府的权力界定对地租的影响程度是否符合社会共同理念和共识，将决定土地发展权的实际归属和合理性。如果土地所有人权利受损严重，则可能归于不当的管制，不利于社会经济发展，也不利于对公民的物权和人权保护。

2. 土地产权干预和对土地管制行为的补偿

土地是最容易受到干预的生产要素，这主要源于它的不可移动性、外部效应和公共物品特性，这是其他商品或要素所不具备的特性。当国家为了维持公众健康、安全和社会秩序时，需要行使警察权运用土地管制等手段约束土地权利，如对有害的土地利用行为进行限制或禁止时，国家并不需要为其行为后果担负赔偿或者补偿责任。

与财产权被约束的必要性相对，国家的任何权力都不是不受约束的，否则就有滥用的可能，如过度征收、过度管制。财产权是政府和公民（法人）双方围绕财产权到底有什么具体内容展开的博弈和权利分割，而且财产权本身的界定也处于动态变化之中。在一般意义上，当这种权利限制、分割获得双方认同或符合社会一般准则时，这种对财产权的约束可视为一种"社会约束"或对财产权的合理定义，而不构成准征收和补偿请求权。但是，当权利分割对财产权人过于不利，对其本质构成损害，甚至几乎剥夺了全部的权利内容（而不以价值来衡量）时，或剥夺了几乎所有且可能实现的价值时，又或普遍性限制对部分权利人构成不对等的特别限制时，则可能构成准征收。依据波斯纳对财产权的定义：财产权是对有价值资源进行排他性使用的权利，当价值都失去了，财产权就成为空中楼阁。

同时，由于土地的空间性独有特征，以及人口和经济要素分布的集聚性，不同区位的土地呈现不同的利用潜力和价值，一般性管制措施对土地构成的权利损害程度必然相差甚大，这对受到限制的公民是不公平的，有可能导致部分公民遭受"特别牺牲"，此时，国家应该考虑在不撤销管制的前提下对部分公民给予补偿。

一旦管制构成准征收，应该予以补偿，其理由如下：一是维护社会公平和对财产权的安全感，以及和财产权关联的自由。规划和管制导致的不公平只能由政府来纠正，否则会带来巨大的社会成本。二是防止警察权的滥用。准征收补偿本身就是对警察权使用的防御和限制。如果随意地对财产权进行准征收，则会导致过多的管制，不符合社会福利最大化的准则。三是对人们行为形成正确激励。使用土地必须担负社会责任和义务，为获得开发权利有可能要付出代价，如捐地、捐钱等。四是在提供公共品和保护财产权之间加以平衡。政府需要提供公共品，但也要保护财产权，维持某种平衡。五是促进资源利用的效率。

3. 土地发展权和准征收理论的内在关联

准征收和土地发展权的联系在于：二者都是由于管制而生，准征收的实质是对土地发展权的剥夺程度。第一，当管制对土地发展权实施了几乎全部剥夺时，则构成准征收。第二，当管制未伴生一定的默许的基本发展权，或者其他变相形式的土地发展权，类似于艾泼斯坦所言的没有"暗含补偿"，此时可认定构成准征收。第三，管制对土地发展权限定的程度因市场条件和发展许可而定，管制不可避免地会对土地发展权进行定义。当市场中土地转换用途的概率高、发展权价值大时，容易构成准征收；反之，当土地的发展权价值本身较小时，管制被视为合理的"社会拘束"，土地所有人应予忍受。第四，禁止进行有害的土地使用活动是国家公权力的合理运用，不存在发展权的剥夺问题；而在公益性公共品供给目的下的管制则需要考虑对土地发展权剥夺的程度。

总之，虽然土地发展权价值大小和权利受限是判定准征收的良好标准，但由于同时需要考虑是否赋予"初始发展权"或"暗含补偿"，这给判定准征收（准征收意味着补偿）带来了很大难度。判断标准如下：第一，是否具有暗含补偿。在现代社会，土地的基本发展权是土地不可剥夺的权利，如果政府赋予了基本发展权，允许一定的或合理的开发权利，则不需要补偿；反之，如果管制没有附加任何明示的或暗含的基本发展权，则必须进行补偿。换言之，依据社会公平等一般理念和市场条件，在土地权利的界定和初始赋予阶段，如果管制的同时赋予了土地合理的发展权利，则不构成准征收。赋予权利之后，实施新的管制措施，则视其程度判定。其他类型的土地发展权如超额土地发展权等皆不属于补偿范畴。第二，一般性的管制措施下，重点考虑空间差异性。对发展潜力和发展权价值巨大的地块，土地所有人利益受损严重，构成准征收。第三，公益性、交易成本、效率等是在遭遇难以判定的情况时的附属参考标准。

3.5 结 论

本章以美国典型的土地管制方面的 14 个案例为例，结合土地发展权理论、土地经济学理论以及相关的产权理论等，对准征收问题进行了深入分析。通过这些案例，可以对美国的法律体系和法律理念、财产权理念、国家理念等有一定的了解。但是，必须注意到，美国的社会经济环境、社会理念、法律体系、国家体系等方面和中国有诸多不同，有关准征收的纠纷目前在中国的典型案件尚不多，司法、立法行政机构对此尚无一致的判别规则，这并不代表准征收问题在中国就不重要。

无论是城市还是农村，无论是土地市场还是房地产市场，未来可以预见的是，在土地权利人使用土地和政府管制使用土地之间，将出现日益尖锐和频繁的矛盾，这需要管理者运用现代国家理念、法制理念、土地经济学理论、政治学和社会学理论等来谋求合理的解决。这些矛盾的解决，目的不是就事论事，而是关系到财产权保护问题。只有保护好财产权，一个国家的社会经济才能有序发展。

另外，准征收关系到国家权力的运行和社会冲突的化解方式问题。当围绕土地使用的矛盾发生后，必须判断公民所承担的义务是合理的还是过度的，国家的权力运用是合理的还是任性的。国家管理者需要设计一个精妙的司法机制来平衡公民—国家、财产权—警察权之间的关系。不能主观地认为出于公益的"好意"的国家行为都是不受质疑的，一旦走得太远，就应该给予公民公正的补偿。

最后，管制虽然是必须和有效的，但不合理的管制只能带来资源使用效率的降低、高社会成本、违法和公民的"日常反抗"，降低幸福感和社会总福利。在适当的时机，必须放松不必要的土地管制。可以说，土地管制还与其他不动产管理政策和工具有紧密联系，并对后者产生重要影响。管理者应关注土地管制对公民和社会造成的不利影响，巧妙地处理国家公权力和公民财产权之间的关系。

本章小结

本章介绍了美国土地利用和房地产开发领域的 14 个经典案例，有助于读者了解美国的土地管制制度和法律制度。国家具有管制土地的警察权是全球现象。在管制的过程中，有可能因为不当的管制而使公民权利受到不合理的损害，如何在警察权合理和不合理之间寻找界限，一直是各国司法机构和社会关注的重要理论和实践问题。关于这个问题的讨论对于维护土地利用、房地产开发、城市管理等社会秩序具有有益的帮助。法理分析和经济学理论的结合有助于人们加深对土地管制问题的认识，对于立法者和执法者而言，了解有关知识和理论也是十分必要的。

关键术语

警察权　　合理联系　　准征收　　土地管制　　土地发展权　　财产权

大致比例　　隐含利益

复习与思考

1. 为什么土地发展权实际上属于政府和土地所有人共享？

2. 如何判断警察权合理和不合理行使的界限？

3. 土地管制的正当性何在？

第4章

中国房地产交易纠纷案例

【教学目的和要求】 了解我国房地产交易纠纷的常见类型，熟悉我国房地产基本制度，熟悉房地产交易基本流程和基本法律规定，掌握房地产交易管理的基本方法和理论。

4.1 概　述

我国的土地产权和房屋产权在一些方面具有自己的特色，不动产产权类型丰富，在不同历史时期对中国社会经济发展和人民生活发挥了积极的作用，但也带来产权较为复杂的问题。就土地产权看，我国土地所有权分为国家所有和集体所有；集体所有土地主要分为集体建设用地、宅基地和农用地，系列法律对此设置了很多限制性条件，如宅基地只能是本村村民申请且"一户一宅"。我国的住房主要有商品房、共有产权房、公租房、廉租房、经济适用房、公有住房、集资房等类型。同时，我国的独户住宅比重低，土地产权共有十分普遍，进一步加剧了住房产权的复杂性。另外，我国的房地产和土地管理法律体系对房地产交易设定了诸多的限制性规定，这要求交易者必须在法律框架内实施行为，防范交易风险。

4.2　房地产交易纠纷案例

4.2.1　房改房交易纠纷案①

1. 案情介绍

宋某力和宋某是父子关系，1994 年 8 月，根据当时的房改政策，父亲宋某力决定购买其承租的公房，儿子宋某作为同住人表示同意，不久，宋某力取得房屋产权证，产权人为宋某力。2004 年 10 月 11 日，宋某力将该房屋以人民币 76 万元的价格卖与王某良夫妇并办理了产权过户手续。事后，宋某认为自己是该房屋的同住人，宋某力出卖房屋前并未征得自己的同意，所以宋某力与王某良夫妇签订的买卖合同无效，并拒绝向王某良夫妇腾交房屋。王某良夫妇拿着自己的产权证，却无法居住使用，无奈之下，只能请求法院判令宋某搬出房屋。

2. 案件结果

法院审理后认为，本案中的房屋登记在宋某力一人名下，宋某力作为房屋的唯一产权人有权独立处分房屋，无须征得宋某的同意。根据物权公示原则，王某良夫妇作为购房人也没有义务查明该房屋是否还有其他未经登记公示的使用人，因此宋大为和王某良夫妇签订的房屋买卖是有效的，宋某应当及时搬出该房屋（相关法律依据：《中华人民共和国物权法》第九条 不动产物权的设立、变更、转让和消灭，经依法登记，发生效力；未经登记，不发生效力，但法律另有规定的除外。依法属于国家所有的自然资源，所有权可以不登记）。

3. 分析

某市自 1994 年开始，大量公有住房由原承租人或同住人按一定的条件和程序买断产权，成为售后公房，目前这些售后公房已经进入房地产二级市场进行交易。由于具有交通便利、面积小、总价低、生活配套设施齐全等优势，这些售后公房已渐渐成为二手房交易市场的主力军。

但必须引起注意的是，由于售后公房原属福利用房，往往具有居住人口多、户籍混乱、同住人不明确等问题，一旦某个环节出现差错，则会出现纠纷，上述案例即出现了

---

① 新浪二手房—律师在线—二手房交易常见纠纷实案分析，https：//sh. leju. com/zhuanti/esfjiuf/。

同住人"搅局"主张权利的局面。因此，在购买售后公房前，有必要先了解有关售后公房的法律规范和政策。为推动住房改革，某市于1994年、1995年先后出台实施了两个方案。两者的相同点在于，均需要具有购房资格的人协商一致确定产权人。两者的区别在于，如果按照1994年方案购买公房，没有登记为产权人的原承租人、同住人、职级人、工龄人及具有购房资格的出资人在诉讼时效期限内可以起诉要求确认产权，成为房屋的共有产权人；如果按照1995年方案购买公房，承租人应当和同住人协商确定产权人，产权人一旦确定，不得更改。

本案即属于第二种情况，父亲宋某力是当初确定的产权人，儿子宋某则没有该房屋的所有权。另外，根据《中华人民共和国物权法》的规定，不动产登记簿记载的登记信息具有公信力，王某良夫妇有理由信赖该登记是正确的，有理由相信宋某力是该房屋的唯一产权人，其没有义务去查明买卖的房屋是否还有其他未经登记的用益权利人。因此，购房者与登记的房屋所有权人达成买卖房屋的协议，又没有违反国家禁止性法律法规，协议即为有效；售后公房其他未经登记的同住人的权益，应由出售人负责解决。

综上所述，购房人在购买售后公房时，应当做到以下两点。（1）了解售后公房的产权状况。由于不动产登记簿记载的产权信息具有公信力，购房人应当以该登记簿记载的权利人作为唯一的依据。（2）了解售后公房的同住人情况。购房者如果了解到该售后公房还有其他没有登记为产权人的同住人，应当尽量督促出卖人与该同住人沟通，并形成书面的承诺书，以避免出现不必要的纠纷。同理，因与产权人具有亲属、抚养等法律关系而居住在该房屋，形成共同居住事实的，不能妨害产权人处分、出卖房屋产权，但产权人应当另行履行其依法承担的抚养、赡养等义务。本案例主要参照《中华人民共和国物权法》和《不动产登记暂行条例》（2015年颁布施行）。

4.2.2 父母为孩子出资购买住房纠纷案[①]

1. 案情介绍

2007年3月，小月和男友小刚在小刚父母的资助下购买了婚房，产权登记在小刚名下。但是，婚后不久，双方不断因生活琐事发生争吵，感情不和的迹象日渐明显。小刚父母考虑到自己毕生的积蓄都用来给儿子购置婚房，只恨当初碍于情面，没有把老两口

---

① 新浪二手房—律师在线—二手房交易常见纠纷实案分析，https://sh.leju.com/zhuanti/esfjiuf/。

的名字登记在产权证上，万一小两口闹离婚，岂不是"竹篮打水一场空"？考虑再三，小刚父母向法院提出诉讼，要求确认房屋归父母和小刚三人共有。

2. 案件结果

法院认为，小刚父母在小刚购买婚房时出资属实，但该出资行为的目的是帮助小刚筹集购房资金，并非为了获得房屋产权，而且也没有证据证明小刚父母有和小刚共同购买房屋的意思表示，根据相关法律规定，小刚父母的出资应当推定为对小刚的赠与。因此，法院驳回了小刚父母的诉讼请求。（相关法律依据：《最高人民法院关于适用〈中华人民共和国婚姻法〉若干问题的解释（二）》第二十二条　当事人结婚前，父母为双方购置房屋出资的，该出资应当认定为对自己子女的个人赠与，但父母明确表示赠与双方的除外。当事人结婚后，父母为双方购置房屋出资的，该出资应当认定为对夫妻双方的赠与，但父母明确表示赠与一方的除外。）

3. 案件分析

住房作为最重要的生活资料，是人们日常生活不可缺少的要素，特别是随着生活水平的提高，为改善住房条件而购置房屋的情况越来越多。但动辄百万元的购房资金并非人人都能承受，特别是对准备结婚或刚刚组建小家庭的年轻人来说更是巨大的压力，于是父母的积蓄、退休金、养老金等也不得不临时挪用。购房时固然人人开心、其乐融融，但一旦出现夫妻矛盾或家庭纠纷，围绕着父母的出资和房屋的产权会带来很多麻烦。

一些父母出于对子女婚姻的担忧，希望凭借自己的出资成为房屋的产权人，以便在子女婚姻亮起"红灯"时能更好地维护自己子女的利益。父母出资的性质到底是单纯的借款还是对子女的赠与，抑或是现在主张的共同购房，事情的真相到底是什么，只能留待法律解决。

根据《中华人民共和国婚姻法》（以下简称《婚姻法》）的规定，父母为子女购房出资的，应当视为对子女的赠与，但根据购房时间的不同，赠与的对象有所差异：婚前购房的，除非父母明确表示赠与双方，否则父母的出资是对自己子女的赠与；婚后购房的，除非父母明确表示赠与一方，否则父母的出资是对夫妻双方的赠与。这里遵循的是约定优先、法定补充的原则，即父母可以根据家庭的具体情况明确表示赠与的对象，只有在父母没有明确指定赠与对象的情况下，才能根据法律的规定作如上推定。这里所指的结婚，是指经民政部门办理结婚登记之日，不是举办结婚仪式之日。《婚姻法》的这一规定，明确了父母为子女购房出资的性质是赠与行为，从而否定该行为具有借贷或共同购房的性质，最终达到了简化法律关系、维护家庭稳定的目的。

当然，《婚姻法》的这一规定并不具有强制性，仅起到补充作用，即在父母和子女对父母出资的性质没有明确约定的情况下才适用，父母和子女也可以在购房时即对父母的出资作出明确的约定。这是因为，父母为了子女购置房屋而出资的行为是纯粹的私法行为，应当遵循意思自治原则，尊重双方的自主决策权。特别是随着社会的发展，核心家庭的观念逐渐建立，子女的小家庭和父母之间主要体现为亲情联络而并非经济关联，因此，父母在资助子女购置房屋时，可根据双方的具体情况，对出资的性质作出明确的约定，为了保障晚年生活或者为了促进子女不断奋斗上进，可以将其约定为借款，并拟订初步的还款计划；也可和子女共同购置房屋，约定产权份额并登记为产权人。但父母成为产权人在一些限购限贷的城市面临实际困难，所以出资确定为借款是一个更好的选择，也可约定在住房处置时明确各方的权利分配份额。这样的做法，可以有效避免很多可能在日后发生的法律纠纷。

4.2.3 房地产买卖居间服务纠纷案[①]

1. 案件介绍

2006年6月，毛小姐为了购买住房，与某房产中介公司签订了一份《房地产买卖居间协议》（以下简称《协议》），约定由中介公司作为居间人将庄先生的一套房屋介绍给毛小姐，房款为人民币245万元，双方在《协议》中约定了付款方式、意向金的数额及处理办法等事项。《协议》第十条约定："由于毛小姐的原因导致房地产买卖合同未签订的，毛小姐应向中介公司支付总房款1%的违约金。"协议签订后，毛小姐按约支付给中介公司意向金5000元。后由于毛小姐与上家庄先生在付款问题上不能达成一致意见，未能签订正式的买卖合同。中介公司以毛小姐拒绝签订买卖合同为由，要求毛小姐按照约定支付违约金24500元。

2. 案件结果

中介公司的要求是不合理的。毛小姐与中介公司签订的《协议》明确了购房的基本要求和条件，中介公司应根据《协议》的内容积极斡旋，促成毛小姐与庄先生签订房屋买卖合同，但中介公司最终未能消除双方在付款问题上的差异，而付款的数额、方式、期限等是房屋买卖的重要因素，因此中介公司的居间活动是失败的。

---

① 新浪二手房—律师在线—二手房交易常见纠纷实案分析，https://sh.leju.com/zhuanti/esfjiuf/。

3. 法律分析

本案的关键问题有两个。第一个问题是中介公司与毛小姐签订的《协议》第十条所约定的"由于毛小姐的原因导致房地产买卖合同未签订的,毛小姐应向中介公司支付总房款1%违约金"是否有效?答案是否定的。《中华人民共和国合同法》(以下简称《合同法》)第四十条规定,提供格式条款一方免除其责任、加重对方责任、排除对方主要权利的,该条款无效。本案中,《协议》系中介公司提供的格式条款,其中第十条约定的内容剥夺了买卖双方进一步协商的权利,意味着房屋买卖必须成交,否则委托人即应承担违约责任。而中介公司却使自己居于无论居间行为是否成功均可获得相应报酬的有利地位,显与当事人应当遵循公平原则确定各方的权利和义务的法律规定相悖,故该约定的条款无效。中介公司依此收取违约金的主张不受法律保护。

但需要注意的是,《协议》中个别条款无效,并不影响该协议中其他条款的效力,不能因此否认中介公司与毛小姐之间的居间合同法律关系。由此引申出第二个问题,即中介公司能否向毛小姐收取相应费用?我国《合同法》规定,居间人未促成合同成立的,不得要求支付报酬,但可以要求委托人支付从事居间活动支出的必要费用。鉴于房地产居间人在居间活动中往往要为委托人提供权籍调查、使用情况调查、行情调查、确定成交意向、订立交易合同等基本服务内容,而要完成这些服务内容,居间人需有一定的经济成本支出,因此,中介公司可以依据双方的《协议》向毛小姐主张其进行居间活动所支出的必要费用。

4.2.4　房屋买卖合同纠纷案[①]

1. 案情介绍

2003年6月,鲍先生向薛某购买在建中的"阳光威尼斯"小区房屋一套,双方签订了房屋买卖合同。双方约定:鲍先生须支付首期房款30万元和定金1万元,为薛某冲抵银行贷款。鲍先生按约支付了款项,薛某也顺利地将尚未偿还的银行贷款一次性还清。之后,薛某以不愿出卖房屋为由向鲍先生致函要求与其解除房屋买卖合同并退还了鲍先生已经支付的31万元。鲍先生不愿买卖就这样不明不白的泡汤,将薛某告上法院,要求其继续履行房屋买卖合同,并办理产权转移手续。

---

① 新浪二手房—律师在线—二手房交易常见纠纷实案分析,https://sh.leju.com/zhuanti/esfjiuf/。

2. 案件结果及分析

法院认为，薛某继续履行交付房屋和产权转移的义务在法律上没有任何障碍，其也不享有任何约定或法定的合同解除权，因此，薛某应当继续按合同约定履行义务，向鲍先生交付房屋并办理产权转移登记手续。近年来，此类房地产交易纠纷最为常见，典型的是在房地产价格上涨期卖家有意毁约，称为"反水"，宁愿赔偿违约金也不履约；在房价下降期，则买家有可能反水。其中主要原因在于房地产交易由于需要贷款等环节，交易期长，合同签署期和最后过户日之间变数较大。防止纠纷的一个重要方法是提高定金额度和赔偿金额度，防止违约人从违约行为中获利。

4.2.5 房产继承纠纷案①

1. 案情介绍

张老汉夫妇有一儿一女，儿女都已经成家并买了房子。剩下老两口居住在张老汉单位房改时买的两居室里。2000 年老伴不幸去世，剩下张老汉一个人。2003 年，张老汉亲笔书写了一份遗嘱，指定由儿子继承自己的房产。2006 年，张老汉被检查出患有肺癌晚期，住院期间女儿无微不至的照顾，让张老汉心里很满意，打算给女儿写份遗嘱，但此时张老汉已经无法执笔，就由女儿请律师现场见证并制作了份代书遗嘱，指定房产由女儿一人继承。张老汉去世后，儿女各执一份遗嘱发生争执，诉讼到法院。

2. 法律分析

（1）遗嘱中所涉房产系张老汉婚后分配并购买，依法属于夫妻共同财产，夫妻应各占一半份额；（2）张老汉妻子去世时，由于没有立遗嘱，适用法定继承，张老汉和儿子、女儿均有继承权，一般等分的话，三人各得（$1/2 \times 1/3 = 1/6$）房产；（3）张老汉的遗嘱对自己的部分（$1/2 + 1/6 = 4/6$）有效，由女儿继承，女儿应得（$4/6 + 1/6 = 5/6$）房产；（4）儿子应得 1/6 房产；（5）经评估房产价值，房产可以由女儿取得，儿子应得份额可由女儿支付现金给儿子。

房产继承，同其他遗产继承一样，是指依照法定程序把被继承人遗留房屋所有权及其土地使用权转移归继承人所有的法律行为。房产继承，是所有权及使用权继受取得方式的一种。（1）继承必须在被继承人死亡后开始。法律规定的继承权，只是继承人享有

---

① 《关于遗产继承的那些事儿，你不一定都知道~》，http://www.sohu.com/a/141311498_297631，2017年 5 月 17 日。

的一种期待权,如果被继承人没有死亡,继承关系就不会发生,只有在被继承人死亡以后,继承权才会成为既得权。遗嘱继承权的实现,必须存在被继承人生前立有合法遗嘱和被继承人已死亡,否则遗嘱继承关系也不会发生。如父母健在,其房地产子女就不能继承。父母意愿将自己的房产赠与子女是可以的,但这种行为叫生前赠与,不叫继承。(2)继承遗产的人,必须是被继承人的合法继承人,即法定继承人或遗嘱继承人。我国继承法确定的法定继承人有:配偶、子女、父母、兄弟姐妹、祖父母、外祖父母。(3)继承人依法取得的遗产,必须是被继承人生前个人所有的合法财产或者是依法可以继承的其他合法财产权益。不能把家庭共有财产、夫妻共有财产以及合伙财产不加分割作为遗产来继承。像这样的财产必须分割以后属于死者个人所有的部分才是遗产。一切非法所得的财产不属于遗产,不得继承。[相关法律依据:(1)《中华人民共和国继承法》第二十六条 夫妻在婚姻关系存续期间所得的共同所有的财产,除有约定的以外,如果分割遗产,应当先将共同所有的财产的一半分出为配偶所有,其余的为被继承人的遗产。遗产在家庭共有财产之中的,遗产分割时,应当先分出他人的财产。(2)《中华人民共和国继承法》第五条 继承开始后,按照法定继承办理;有遗嘱的,按照遗嘱继承或者遗赠办理;有遗赠扶养协议的,按照协议办理。(3)《中华人民共和国继承法》第二十九条 遗产分割应当有利于生产和生活需要,不损害遗产的效用。不宜分割的遗产,可以采取折价、适当补偿或者共有等方法处理。(4)《最高人民法院关于贯彻执行〈中华人民共和国继承法〉若干问题的意见》第四十二条 遗嘱人以不同形式立有数份内容相抵触的遗嘱,其中有公证遗嘱的,以最后所立公证遗嘱为准;没有公证遗嘱的,以最后所立的遗嘱为准。(5)《最高人民法院关于贯彻执行〈中华人民共和国继承法〉若干问题的意见》第五十八条 人民法院在分割遗产中的房屋、生产资料和特定职业所需要的财产时,应依据有利于发挥其使用效益和继承人的实际需要,兼顾各继承人的利益进行处理。]

4.2.6 房地产预售纠纷案①

由于我国房地产商品销售目前处于期房销售为主而尚未进入现楼销售为主的阶段,导致部分开发商在销售期房时虚假宣传或夸大宣传,蒙骗或误导消费者,到交房验收时,消费者才发现"货不对板",进而发生司法诉讼。近年来,这种法律纠纷有愈演愈烈的趋势,极大地破坏了房地产市场的正常秩序,也危害了消费者的合法权利。即使消

---

① 《"每月e法"——房屋买卖纠纷》,http://www.sohu.com/a/194778398_712519,2017年9月26日。

费者维权，由于证据不足等原因，在和开发商的较量中，往往很难获得胜利。

1. 案情介绍

某开发公司在售房广告和宣传资料中承诺拥有"首创私家游艇码头，浪漫情缘后花园"等内容，并在售楼处公开悬挂商品房建设用地规划许可证，公开展示建设用地规划范围，但实际上所建游艇码头和后花园系租赁他人土地而建。工商局对此广告行为认定为虚假并给予罚款处罚。购房人杨某得知后，起诉要求赔偿。争议焦点：（1）虚假广告如何认定？（2）补偿标准如何确定？

2. 分析

开发公司在售房广告和宣传资料中允诺的内容，并在售房时建好的游艇码头和后花园，系租赁他人土地而建，开发公司对此事实予以隐瞒。工商局对开发公司的虚假广告行为均作出了认定并给予罚款处罚。据此，开发公司的行为对杨某购房的选择及房屋价格的确定有一定的影响，开发公司应对给杨某造成的损失承担补偿责任。

广告是对整个楼盘的宣传，不会具体到某套商品房，购房者应对具体的单元、楼层、朝向、户型等做具体的了解。比如"二房变三房""赠送小花园""俯瞰江景""毗邻公园"等定义较为模糊的宣传，建议购房者不要轻信广告，应以实物为准，最好到现场察看。

此外，广告及销售人员所承诺的事项法律上是以书面合同约定为准，购房者在购买商品房时应注意合同上是否标明相应的条款。购房者在签订购房合同时，为了预防后期出现问题时维权难，最好能够将比较重要或直接影响购房决策的宣传内容加入合同正式文本或合同附件中；或者通过留存资料，甚至手机拍照等方式取证，以便在产生纠纷时更好地维护自身权益。

4.2.7 "画家村"李某兰宅基地及房屋买卖纠纷案①

1. 案情概述

这是一个具有典型意义且社会影响很大的案件，其复杂性在于中国特色的集体所有土地制度和宅基地只能本村人拥有的制度。

北京市通州区宋庄镇因有许多画家聚居在其周围而得名"画家村"。马某涛原系宋庄镇辛店村农民。李某兰系城市居民，户籍地为河北省邯郸市。2002 年 7 月 1 日，马某

---

① 作者根据公开资料整理而得。

涛与李某兰签订《买卖房协议书》，李某兰以 4.5 万元的价格购买了宋庄镇辛店村村民马某涛的父亲留下的一套院落，后花费十几万元把院子进行整修和布置。当时，李某兰还拿到了马某涛的集体土地使用证。不过，因集体土地使用证无法"过户"，只是在变更栏注明，"房屋出售给李某兰使用"。2006 年 2 月，宋庄"画家村"进行征地拆迁，马某涛要求原价收回出卖给李某兰的住房，遭到李某兰拒绝后，马某涛夫妇向法院提起诉讼，要求撤销合同、收回房子。

马某涛起诉认为：李某兰是外地城市居民，不是宋庄镇辛店村村民，无权享有所卖房屋的宅基地使用权，违反法律的强制性规定，合同无效，李某兰应向马某涛腾退并返还房屋。李某兰答辩称：《买卖房协议书》是双方真实意思表示，是有效的，并且，李某兰已经向马某涛交付了全部购房款，马某涛也将此房交付李某兰装修使用达 4 年之久，没有争议，现在，马某涛想得到所卖房屋的拆迁款，才反悔卖房，没有道理，故不同意其诉讼请求。

2. 判决结果

一审法院经审理认为：（1）《买卖房协议书》无效；（2）李某兰于本判决生效之日起九十日内将位于北京市通州区辛店村的北房三间、西厢房六间及院落腾退给马某涛；（3）马某涛给付李某兰补偿款九万三千八百零八元。

李某兰上诉，二审法院审理后认为：（1）维持一审法院第一、第二项判决内容，撤销第三项判决内容；（2）在判决中指出，马某涛在出卖房屋时，即明知其所出卖的房屋及宅基地属禁止流转范围，出卖多年后又以违法出售房屋为由主张合同无效，故出卖人应对合同无效承担主要责任；（3）对于买受人信赖利益损失的赔偿，应当全面考虑出卖人因土地升值或拆迁、补偿所获利益以及买受人因房屋现值和原买卖价格的差异造成损失两方面因素予以确定。鉴于李某兰在原审法院审理期间未就其损失提出明确的反诉主张，在二审程序中，不宜就损失赔偿问题一并处理，李某兰可就赔偿问题另行主张。

一审后，李某兰与马某涛签订的《买卖房协议书》被确认无效后，李某兰就其经济损失，另案起诉到原审法院，要求马某涛赔偿其信赖利益损失 48 万元。原审法院考虑了出卖人马某涛因土地升值或拆迁、补偿所获利益的因素，参照马某涛出售房屋宅基地区位总价予以确定。原房屋出售者马某涛支付李某兰房屋及添附部分价款 9.4 万余元，李某兰腾退房屋，同时认定马某涛为导致协议无效的主要责任方，应按七三开承担责任。法院委托有关部门对涉案房屋宅基地区位价值进行评估，评估总价为 26.47 万元，法院依此价格的 70% 计算，确定马某涛向李某兰赔偿 18.5 万元。马某涛向李某兰共计支付约 28 万元。李某兰不服，认为评估时点有误，应该按照房屋的使用性质（艺术创作）重新鉴定，且一审遗漏了搬家费及其他损失，要求撤销一审判决，依法改判。二审法院驳回李某兰上诉，维持原判。

3. 法理分析

本案判决主要依据是：（1）《中华人民共和国土地管理法》第六十三条 农村集体所有的土地使用权不得出让、转让或者出租用于非农业建设。（2）《中华人民共和国合同法》第五十二条 合同无效的法定情形 有下列情形之一的，合同无效：（一）一方以欺诈、胁迫的手段订立合同，损害国家利益；（二）恶意串通，损害国家、集体或者第三人利益；（三）以合法形式掩盖非法目的；（四）损害社会公共利益；（五）违反法律、行政法规的强制性规定。（3）《中华人民共和国城市房地产管理法》第三十八条第（六）项 未依法登记领取权属证书的房地产，不得转让。（4）《最高人民法院关于为推进农村改革发展提供司法保障和法律服务的若干意见》规定，对违反法律、行政法规以及相关国家政策的宅基地转让行为，以及其他变相导致农民丧失宅基地使用权的行为，应当依法确认无效。

宅基地使用权是农村集体经济组织成员享有的权利，与享有者特定的身份相联系，非本集体经济组织成员无权取得或变相取得。马某涛与李某兰所签之《买卖房协议书》的买卖标的物不仅是房屋，还包含相应的宅基地使用权。李某兰并非通州区宋庄镇辛店村村民，且诉争院落的《集体土地建设用地使用证》至今未由原土地登记机关依法变更登记至李某兰名下。因此，原审法院根据我国现行土地管理法律、法规、政策之规定，对于合同效力的认定是正确的。

合同被确认无效后，因该合同取得的财产应当予以返还，不能返还或者没有必要返还的，应当折价补偿。基于上述合同无效之法律后果处理的一般原则，原审法院判决买受人李某兰将其购买的房屋及院落返还出卖人马某涛，出卖人马某涛将价款返还买受人李某兰并无不当。但买受人李某兰在购买房屋后自行出资对房屋及院落进行了新建及装修，考虑到李某兰对于房屋及院落的添附系附和于出卖人所有的原物上，无法识别与分离，即便能够分离，分离后添附部分的使用价值亦极大贬损。因此，原审法院判决买受人将原物及添附一并返还及给付出卖人，由出卖人将原房及添附部分的价值折价补偿买受人。

考虑到出卖人在出卖时即明知其所出卖的房屋及宅基地属禁止流转范围，出卖多年后又以违法出售房屋为由主张合同无效，故出卖人应对合同无效承担主要责任。对于买受人信赖利益损失的赔偿，应当全面考虑出卖人因土地升值或拆迁、补偿所获利益，以及买受人因房屋现值和原买卖价格的差异造成损失两方面因素予以确定。

此案亦反映了中国宅基地使用制度的弊端，这不仅给宅基地管理带来了很大的难度，而且容易带来公民之间的法律纠纷。未来宅基地使用制度的深入改革，是摆在学术界和社会各界面前的一个重大课题。

4.2.8　王强与孙林房屋转让纠纷案①

1. 案情概述与判决结果

2005 年 12 月，王强（化名）所在村进行旧村改造，同村委会签订了《房屋拆迁货币补偿协议》和《房屋拆迁安置合同》后，王强得到两套二居室楼房。之后，孙林（化名）听说王强拆迁得了两套房子，就与王强协商购买其中的一套。虽然王强是农村户口，孙林是城镇户口，但王强所在的村村委会、党支部两委班子对于村民出售拆迁所得的小产权楼房并没有作出禁止性规定，对王强卖房的事情也表示不予干涉。于是 2006 年 1 月，王强与孙林签订《房屋转让合同》，约定：王强为原房屋产权人（小产权）。经双方协商，产权人王强愿将本套房屋的所有权卖给孙林。本房屋的出售价格为 135000 元。本房屋属于小产权房屋，买受人应遵守当地村委会的有关制度和规定。随后，王强与孙林履行了该合同，房款两清。

但在房子出售之后，当地的房价却一路飙升，王强想拿回房子。2008 年 4 月，王强以国家禁止城市居民购买农民房屋，且孙林是城市居民，故《房屋转让合同》属于无效合同为由，起诉要求法院确认双方签订的《房屋转让合同》无效，让孙林腾房。

一审法院经审理后认为，公民合法的民事权益受法律保护，王强与孙林在签订《房屋转让合同》时，已经明知该房屋为小产权楼房；对小产权楼房是否可以转让，当地村民委员会并没有作出具体的限制性规定。王强与孙林在双方自愿基础上签订的《房屋转让合同》，内容并未损害国家、集体及第三方的合法权益，且双方在合同签订后，已各自履行了支付房屋价款和交付房屋的义务，该合同所约定的内容已实际履行完毕。在此情况下，王强要求确认其与孙林签订的《房屋转让合同》无效、孙林退房的请求，理由不充分，对其诉讼请求，法院不予支持。法院依据《中华人民共和国民法通则》第五条之规定，判决驳回原告王强的诉讼请求。

王强上诉。二审法院经审理后，判决驳回上诉，维持原判。

2. 法理分析

本案判决依据是：（1）《中华人民共和国民法通则》第五条 民事权益受法律保护原

---

① 《房产转让毁约被驳回》，https：//www.66law.cn/laws/262000.aspx,2019 年 12 月 26 日。

则 公民、法人的合法的民事权益受法律保护，任何组织和个人不得侵犯。(2)《中华人民共和国合同法》第五十二条 合同无效的法定情形 有下列情形之一的，合同无效：（一）一方以欺诈、胁迫的手段订立合同，损害国家利益；（二）恶意串通，损害国家、集体或者第三人利益；（三）以合法形式掩盖非法目的；（四）损害社会公共利益；（五）违反法律、行政法规的强制性规定。(3)《中华人民共和国合同法》第五十三条 合同免责条款的无效 合同中的下列免责条款无效：（一）造成对方人身伤害的；（二）因故意或者重大过失造成对方财产损失的。(4)《中华人民共和国合同法》第五十四条 可撤销合同 下列合同，当事人一方有权请求人民法院或者仲裁机构变更或者撤销：（一）因重大误解订立的；（二）在订立合同时显失公平的。一方以欺诈、胁迫的手段或者乘人之危，使对方在违背真实意思的情况下订立的合同，受损害方有权请求人民法院或者仲裁机构变更或者撤销。当事人请求变更的，人民法院或者仲裁机构不得撤销。

对于城镇居民购买农民"小产权房"的效力问题，目前尚没有任何一部法律对此作出明确的规定。鉴于法官不得拒绝裁判的法理精神，法院在没有明文规定的情况下，仍然必须作出裁判。一般而言，法官在裁判此类案件时需要综合考虑以下几个因素：(1)当事人之间的行为是否符合民法的基本原则：平等原则、自愿原则、公平原则、诚实信用原则、公序良俗原则；(2)是否存在导致合同无效或者可撤销的法定情形，即能否适用《中华人民共和国合同法》第五十二条至第五十四条的内容；(3)基层组织如村委会、党支部的意见。由于我国实行村民自治，因此，村民委员会的意见至关重要。

在本案中，王强与孙林在签订的《房屋转让合同》中明确写明"本房屋属于小产权房屋"，因此，对于这一事实，双方均明知，不存在欺诈或者重大误解的情形。另外，双方对于买卖房屋一事，也是自愿进行的，没有任何胁迫或者乘人之危的情形。而且，王强从村委会买房时花费11.6万元，而几天后王强就以13.5万元价格将房屋转卖给孙林，王强获利近2万元。因此，双方之间的交易也是公平的。最后，该村村委会、党支部两委班子对于村民出售拆迁所得的"小产权房"并没有作出禁止性规定，表示不予干涉。也就是说，双方买卖房屋的行为没有损害国家、集体或者第三人的利益。

3. 进一步的理论解析

(1)王强案与第4.2.7节李某兰案关于买卖有效无效判决结果不同的原因。引起争议的"小产权房"本身牵涉的权利不同。农民在其宅基地上建设的房屋与农民通过旧村改造、拆迁安置而得到的"小产权房"不可同日而语，二者之间存在比较明显的差别。李某兰案中李某兰购买的"小产权房"直接建于宅基地之上，我国明令禁止宅基地使用权的流转，但农村村民对宅基地上的房屋享有所有权并可自由处分。根据房地一体的原则，尽管宅基地使用权本身不可以转让，但它可以随着房屋一同转让。农民在其宅基地上建设的房屋与宅基地使用权紧密联系，宅基地使用权是土地管理法、物权法明确规定的由农村村民专享的一项用益物权，城镇居民不得享有。一旦城镇居民购买农民的宅基地房屋，就会侵害集体经济组织的合法权益。因此，基于对宅基地使用权法律的规定，李某兰案中判决买卖无效。

而王强案中，王强通过旧村改造、拆迁安置而得到的"小产权房"并不是建设在自己家宅基地上的，旧村改造后宅基地使用权消灭，"小产权房"是建设在该村集体土地上的。我国实行村民自治，在"小产权房"没有明确法律规定的情况下，基层组织对于集体土地上所建"小产权房"的意见会作为考虑因素，王强案中王强所在的村村委会、党支部两委班子对于村民出售拆迁所得的"小产权房"并没有作出禁止性规定，也就是说，双方买卖房屋的行为没有损害国家、集体或者第三人的利益。因此，从村民自治、集体利益方面看，王强案中判决买卖有效。

（2）如何判定"小产权房"买卖合同效力？《中华人民共和国物权法》第十五条中第一次明确规定了区分原则，即除法律另有规定或者合同另有约定外，合同自成立时生效；物权效力与合同效力是两个独立的问题，物权变动未发生效力并不影响合同的效力。根据此规定，合同在成立时，只要没有违反法律的强制性规定，也没有损害社会的公共利益，就会发生合同生效的法律效力，登记只是物权变动的生效要件。

那"小产权房"买卖合同是否一经签订就生效呢？对此问题学术界与司法实务上都存在争议。许多学者根据《中华人民共和国土地管理法》（以下简称《土地管理法》）第六十二条的惩罚性规定，即村民不得在出卖、出租住房以后，再另行申请宅基地，和《土地管理法》第六十三条的限制性规定，即村集体所有的土地使用权不得流转用于非农业建设，认为建立在宅基地上的"小产权房"的买卖合同是违反了法律的强制性规定，自始无效，或者认为村民无权处分而认定该合同为效力待定的合同，但是以上两种意见被认为都是不恰当的。

首先，《土地管理法》[1] 第六十三条的立法目的，是为了对土地用途进行严格的管制，对农用地转化为建设用地的情况进行限制，以保护农业用地。而就村民住宅买卖而言，由于宅基地不是农用地，不存在农用地减少的情形，因此，第六十三条不能用来调整宅基地使用权的流转问题。而第六十二条则只是惩罚性的规定，所以可知我国对于宅基地的流转并没有作出禁止性的规定，并且我国也没有明确的法律对农民宅基地上的房

---

① 本章中的《土地管理法》特指 2019 年 8 月修改前的法律文本。

屋进行处分，根据民法的精神"法无禁止即允许"，村民或者村集体组织将宅基地上的房屋予以买卖并不违法，其签订的合同也不因此而无效。但是，建设在耕地上甚至基本农田上的"小产权房"的交易合同是因违反国家强制性法律规定而自始无效的。

其次，对于效力待定的合同，是指合同效力不确定，要等待权利人进行追认或者撤销的合同，最后要落脚于有效或者无效。由此可见，合同效力不确定性主要取决于合同的当事人和权利人表达的意思是否真实有效，而与合同所涉及的标的物并没有直接关系，所以，此类买卖合同也不属于效力待定的合同。在司法实践中，也有认定"小产权房"的买卖合同无效的案例，上面提到的李某兰一案的判决就比较典型，在该案的二审判决中，法院对该案所涉及的房屋买卖合同效力问题的判决理由为：宅基地使用权是农村集体经济组织成员所享有的权利，与享有者特定的身份相联系，非本集体经济组织成员无权取得或变相取得。但是，该理由是基于国务院常务会议作出的一项决定，此决定的性质属于国家政策的范畴，而根据《最高人民法院关于适用〈中华人民共和国合同法〉若干问题的解释》第四条的规定，在《合同法》实施以后，人民法院在进行确认合同无效案件的审判时，不应当以行政规章和地方性法规为依据作出确认合同是否无效的判决，而应当以法律和行政法规为依据，对合同是否无效作出判决，所以该决定不应直接用于案件的审判，得出买卖合同无效的结论也是缺乏法律依据的。同时，结合实际而言，如果此类"小产权房"合同都被确认为无效合同，那么，如果受到利益的驱使，卖房者就可以要求买受人归还房屋，这就势必会破坏市场中交易的诚信和稳定，购买者的信赖利益也会受到损害。

因此，对"小产权房"的分类，只有第一类——建设在农用地上的"小产权房"的买卖合同是当然无效的，其余的"小产权房"只要是在双方平等协商、公平自愿的情况下签订的，符合《合同法》所规定的合同成立要件的买卖合同，自合同成立之时就是有效的合同。

（3）"小产权房"经济分析。"小产权房"产生的原因主要有以下几点。一是城市房地产市场价格不断上涨。《土地管理法》规定的土地征收和"招拍挂"等制度，使地方政府垄断了土地使用权出让一级市场，虽然增加了地方政府的财政收入，但是也客观上推高了全国大中城市的土地价格。而土地价格的大幅上升，直接带动了房价的不断上涨。而与商品房比较，"小产权房"不需要缴纳土地出让金和相关税费等，因此价格上具有明显优势，受到很多购房者的青睐。二是城市化进程带来的住房需求增加。中国处于快速城市化阶段，大量的农村人口涌入城市，极大地促进了城市建设，但是又造成了急剧膨胀的住房刚性需求。然而，房价高企，经济适用房、廉租房的供给远远小于需求，这就造成了小部分住房消费者在有限的消费能力约束下，选择"小产权房"。

（4）公共管理视角看"小产权房"。"小产权房"产生的根源是城乡二元土地制度，即城市国有土地上的住房交易不受户籍等限制；而集体所有土地上设定的宅基地使用权却受到诸多限制，尤其是不能和城市户籍的人进行交易。这造成的后果就是一些已经进城的农民宁可任由宅基地闲置，也不愿意交还给村集体。同时，大量想到农村居住生活、养老的城里人，也不能购买农民的住房。这大大限制了合理的城乡人口双向自由流动。

解决的建议，一是建设城乡统一的土地使用权市场，允许农村集体建设用地上建设的住房合法、有偿流转，培育宅基地使用权或住房的租赁市场；二是完善土地增值收益分配机制，改革财政体系，完善房地产税收政策。应允许集体有偿收回闲置宅基地，经过整理后并在符合规划的前提下，以建设用地的方式兴建租赁性住房，获得租金，用于提高年收入和改善基础设施。在条件成熟的时候，甚至可以兴建产权住房。

从李某兰案和王强案不难看出，矛盾的根源为以下五点：不合理的城乡土地制度；一户多宅现象普遍；畸形的城镇房地产市场；法律规定的缺陷；政府的监管不力。近年来我国相继出台许多有关"小产权房"的政策文件，但基本上都只是从农村土地利用方面反复强调"小产权房"的不合法性，政策目标则是单纯地以禁止"小产权房"建设和销售为主，这是一种"堵"的治理方式，而更应该采用"疏"的治理方式。

4.3　理论分析

房地产价值巨大，是一个家庭重要的资产和财富，关系公民的居住权和其他权利，但有关纠纷却比较频发。纠纷多数属于民事纠纷，是平等主体间围绕房产发生的争议。遵守一般性法律规范如《中华人民共和国物权法》《中华人民共和国民法》《中华人民共和国房地产管理法》《中华人民共和国土地管理法》《中华人民共和国合同法》《中华人民共和国担保法》等，是房地产交易的基本要求，同时，不能违背公序良俗等行为准则。

通过分析一些涉及集体土地的不动产交易案可发现，目前的法律没有赋予集体土地建设住宅的权利，有关交易不一定能得到法律保护。交易者应该深知这一点，部分人是因为图便宜以及有投机思想才购买此类房屋的。在这些土地上建设房屋，占用了城市公共服务和稀缺的容积率资源，却没有付出任何代价，这是不合理也不合法的。购房时，对土地使用权的性质尤其要搞清楚，它包含了国家对权利的保护含义。

另外,《中华人民共和国房地产管理法》有严格的开发流程规定,其中一个环节出了问题,都会影响最终产权登记的获得,所以需要遵循有关法律法规和政策。这里涉及的法律规范类型有:房地产开发法律、房地产交易法律、房地产登记法律、房地产税收法律等。

4.4 结 论

房地产交易纠纷或疑难问题案例所反映出来的道理是,房地产作为特殊商品,其交易必须遵守各项基本法律,还要遵守各项房地产基本管理制度和政策。例如,经济适用房交易就必须遵守有关地方规定,毕竟经济适用房是针对特定对象的、具有福利性质的物品,不是可任意交易的,它体现了一种公共产品属性,享受国家的财政支持或资源的倾斜。

本章小结

房地产交易是民事主体间遵循平等、自愿、诚信等原则开展的活动。由于我国土地制度的特殊性和房地产产品的多样性、房地产开发制度的特殊性等原因,我国房地产交易纠纷呈现多样性,如买卖合同纠纷、中介合同纠纷、遗产继承纠纷、房地产销售合同纠纷、房地产登记纠纷、房地产产权归属纠纷等。这需要人们在《中华人民共和国合同法》《中华人民共和国物权法》《中华人民共和国婚姻法》《中华人民共和国继承法》《中华人民共和国担保法》《中华人民共和国土地管理法》《中华人民共和国房地产管理法》《不动产登记暂行条例》等基本法律规范下,结合房地产的特性进行社会经济活动。

关键术语

不动产登记   买卖合同   继承   "小产权房"

复习与思考

1. 如何预防房地产开发商虚假广告和宣传?

2. 在房地产继承中如何划分分割权利的比例?

第5章

中国城市拆迁纠纷案例

【教学目的和要求】 城市拆迁在改善城市功能、消除衰败区域、改善环境卫生等方面具有积极价值，但在中国，因涉及众多产权人的财产征收和基本居住问题而十分困难。过度地保护产权可能导致"反公地悲剧"，但过激地拆迁也可能损害公民合法利益，不利于社会稳定。法律如何在推动社会发展和保护财产权之间达到均衡，是十分重要的话题。

5.1 概 述

在不动产领域，土地及其之上的房屋是家庭最为重要的财富，还是部分家庭赖以为生的生产资料（如用来经营）。但是，20 世纪 90 年代以来，不动产拆迁导致的社会矛盾非常多，这和我国经济社会快速发展，急需建设工业区和建设城市有重要关联。

城市居民拥有房屋所有权和土地使用权，这种权利受国家保护。但是，我国城市发展较快，一些城市衰败地区、一些道路等基础设施建设占用地区或者政府需要改进功能的地区，面临着拆迁的难题，即必须征收其物权，然后予以拆迁。

从经济学理论看，城市拆迁是土地连片使用的要求，也是规模经济的要求。然而，城市拆迁不可避免地要涉及不动产的征收问题，会遇到少数"钉子户"以及其他难题。到底是保护公民的财产权重要，还是维护社会的公共利益以及减轻纳税人的负担重要？这是摆在决策者面前的难题。对这些问题很难给出清晰的答案，具体答案要依据国家和城市的具体社会经济环境来给出。

5.2 城市拆迁纠纷案例

5.2.1 杨箕村拆迁案①

1. 事件过程

广州杨箕村，位于广州大道西侧，属于黄金地段，也是广州需要改造的多个"城中村"之一。杨箕村地处广州的主要交通干道，在中山一路和广州大道的"夹缝"中，与广州未来的 CBD 珠江新城比邻。

2010 年 4 月，杨箕村公布"城中村"改造方案。2010 年 7 月，拆迁开始，施工人员对 18 栋居民楼进行拆除。仅两个月，杨箕村超 98% 的村民完成搬迁签约。2011 年 3 月，包括李某明、李某中在内的 18 户"留守户"被告上法庭。2011 年 9 月，越秀区法院对拒不履行判决的杨箕村民姚某珍家依法进行强制搬迁，这是杨箕村改造系列案中首宗进入强制执行程序的案件。2011 年 11 月，越秀区法院对杨箕村剩下 17 户"钉子户"中的 2 户实施强制搬迁，最终 1 户被迁走，1 户暂缓执行。执行过程中，有业主家人林某英、姚某贤拒绝搬迁并泼洒汽油。经劝诫无效后，法院对两人实施司法拘留 15 天。2012 年 5 月，李某中家中传出爆破声。2012 年 11 月，有人绕着"留守户"的房子挖"护城河"，李某明、李某中都要绕远路才能回家。2013 年 1 月，一些留守户未搬迁的房屋四周被拆迁户挖出深沟，只留有小路供村民出入。留守村民与已迁村民均指责政府部门不作为。2013 年 5 月，广州市越秀区相关官员跟李某明谈判。2013 年 7 月中，李某明、李某中最终签订搬迁协议并搬离杨箕村。2013 年 8 月 2 日，广州杨箕村最后两栋"钉子楼"被拆除。

这场历时三年的拆迁给部分村民造成很大的损失。由于场地未得到及时平整，回迁房不能及时开建，一些老人在此期间去世。前期签订协议的村民与所谓的"钉子户"之间形成了隔阂，相互仇视。"钉子户"认为村集体在改造过程中程序不完善，工作不细致。

2. 法律纠纷

此案反映出一个重要的理论问题：因历史原因，"城中村"土地性质多属于集体所有，其上设置很多宅基地使用权，但因"城中村"改造和公共利益，村集体是否有权收

---

① 《广州杨箕村"城中村"改造纠纷二审宣判》，http：//news. 163. com/13/0117/07/8LDDVF2200014AED. html，2013 年 1 月 17 日。

回这些使用权并给予公正补偿？

在广东省广州市的旧城改造中，98％的村民按照补偿方案自行搬迁后，仍有村民对拆迁补偿不满而拒不搬迁，让整个拆迁改造工作就此停顿，最终引发了备受关注的杨箕村"城中村"改造纠纷系列案件。

广东省广州市越秀区人民法院受广州市中级人民法院（以下简称"广州市中院"）委托，2013 年 1 月 17 日上午，对涉杨箕村改造的 8 宗宅基地纠纷案件进行终审公开宣判。根据判决，二审上诉人（一审被告村民）必须在 3 日内将房屋腾空搬迁至过渡房。

杨箕村系 2010 年广州市政府纳入重点改造的 9 个"城中村"之一。由于部分村民与杨箕股份合作经济联社（以下简称"经济联社"）之间的分歧较大，双方分别向法院提出过不同类型的民事诉讼和行政诉讼。越秀区法院民事法庭共受理杨箕村"城中村"改造诉讼 35 件。此次宣判的 8 宗案件的一审庭审中，杨箕经济联社方面称，杨箕经济联社对杨箕村整体改造工程具有合法管理的权利，此次旧村改造系惠及全体村民的重大事项，涉及全体村民切身利益和公共利益，部分村民耽误回迁时间，对广大村民合法权利造成消极影响。

涉案村民则称杨箕经济联社拆迁和补偿程序不合法，认为拆迁补偿协议违反公平、等价有偿和自愿原则，称所签协议存在重大误解和欺诈胁迫情形，协议内容也违背村民意愿。对此，杨箕经济联社方面则认为，双方是在自愿和充分协商的情况下签订拆迁补偿安置协议的，不存在欺诈胁迫和重大误解的情况。上述协议适用于杨箕村所有村民，目前已有 98％的村民签订了协议。补偿标准也符合规定，甚至高于广州市其他"城中村"改造的补偿待遇，不存在显失公平的情况。

越秀区法院一审认为，农民集体所有的土地由本村村民委员会进行管理。原广州市杨箕村村民委员会于 1999 年 8 月 17 日经批准撤销，由杨箕经济联社承继权利义务，杨箕经济联社对杨箕村改造动迁享有合法的管理权。杨箕村范围内的宅基地属杨箕村集体经济组织所有，杨箕村民对涉讼土地上的房屋享有所有权，但对所占用的宅基地仅享有使用权。杨箕经济联社有权要求依照法律规定收回集体土地，是合法的诉讼主体。

另外，杨箕村召开股东代表大会对整体改造方案包括补偿安置方案进行表决通过，符合《广东省农村集体资产管理条例》关于集体资产产权处分必须经合作经济组织成员大会或成员代表会议审议通过的规定，程序上并无不当。

法院认为，事实上，已有 98％的村民按照补偿方案执行，自行搬迁并将原有房屋交给杨箕经济联社拆除改建，杨箕村村民的整体利益得到保障。杨箕经济联社要求收回房屋占用的集体所有的宅基地符合法律规定，因土地与房屋不可分割，涉讼宅基地使用权被收回后，根据房地一体主义，村民的房屋亦应一并交给杨箕经济联社。越秀区法院一审判决，被告村民（含同住人员）应于判决发生法律效力之日起 3 日内，将房屋腾空交付给杨箕经济联社，同时迁至原告杨箕经济联社提供的安置房。

一审判决后，8 宗案件的被告村民向广州市中院提起上诉，诉称原审法院遗漏部分重要事实且认定事实不清、原审法院适用法律错误等，请求撤销原审判决，发回重审或改判驳回被上诉人的诉讼请求。而被上诉人杨箕经济联社答辩同意原审判决，不同意上诉人的上诉请求。据悉，二审中，有 3 宗案件的上诉人经传票传唤没有到庭参加庭审。另 5 宗案件经广州中院公开审理后，认定原审查明事实无误，上诉人的上诉理由均不能成立。

据此，广州市中院作出终审判决：5 宗案件被驳回上诉，维持原判；3 宗案件的上诉人经传票传唤，无正当理由拒不到庭，被裁定按上诉人撤回上诉处理。法院同时判决，8 宗案件的原审被告村民（含同住人员）于判决生效后 3 日内，将房屋腾空交给原审原告杨箕股份合作经济联社，同时搬迁到原审原告提供的过渡房。

另外，在 35 宗诉讼中，一部分案件在一审宣判后涉诉村民没有上诉或以和解结案，只有 20 宗案件村民提起上诉，包括此次的 8 宗案件，已经有 19 宗案件二审判决，诉讼结果均以村民败诉告终。此次 8 宗案件的上诉村民均未到庭。

5.2.2 最高人民法院公布的十个典型征收拆迁案例①

随着全国各地城镇化建设的大力推进，因征收拆迁引发的行政纠纷也日益增多。人民法院办理征收拆迁行政案件，事关人民群众切身合法利益保障，事关经济持续健康发展和社会和谐稳定，事关公平正义和司法公信力的提高。为进一步体现司法为民、服务民生，强化对征收拆迁领域行政行为的司法监督，指导人民法院不断提高征收拆迁行政案件办案质量，2014 年 8 月 29 日，最高人民法院公布了人民法院征收拆迁十大案例。

这批案件均为 2013 年 1 月 1 日以后作出的生效裁判，涉及国有土地上房屋征收和违法建筑拆除，有的反映出个别行政机关侵害当事人补偿方式选择权、强制执行乱作为等程序违法问题，有的反映出行政机关核定评估标准低等实体违法问题以及在诉讼中怠于举证问题，这些行政行为有的被依法撤销、有的被确认违法，同时，也有合法行政行为经人民法院审查后判决维持。这批案件对于指导人民法院依法履行职责、统一裁判尺

---

① 《最高法公布全国法院征收拆迁十大典型案例》，https：//www.chinacourt.org/article/detail/2014/08/id/1429378.shtml，2014 年 8 月 29 日。

度、保障民生权益具有重要意义。

1. 杨某芬诉株洲市人民政府房屋征收决定案

（1）基本案情。2007 年 10 月 16 日，株洲市房产管理局向湖南冶金职业技术学院作出《房屋拆迁许可证》，杨某芬的部分房屋在拆迁范围内，在拆迁许可期内未能拆迁。2010 年，株洲市人民政府启动神农大道建设项目。2010 年 7 月 25 日，株洲市发展改革委员会批准立项。2011 年 7 月 14 日，株洲市规划局颁发了《建设用地规划许可证》。杨某芬的房屋位于泰山路与规划的神农大道交汇处，占地面积 418 平方米，建筑面积 582.12 平方米，房屋地面高于神农大道地面 10 余米，部分房屋在神农大道建设项目用地红线范围内。2011 年 7 月 15 日，株洲市人民政府经论证公布了《神农大道项目建设国有土地上房屋征收补偿方案》征求公众意见。2011 年 9 月 15 日，经社会稳定风险评估为 C 级。2011 年 9 月 30 日，株洲市人民政府发布了修改后的补偿方案，并作出了《株洲市人民政府国有土地上房屋征收决定》（以下简称《征收决定》），征收杨某芬的整栋房屋，并给予合理补偿。

杨某芬不服，以"申请人的房屋在湖南冶金职业技术学院新校区项目建设拆迁许可范围内，被申请人作出征收决定征收申请人的房屋，该行为与原已生效的房屋拆迁许可证冲突"和"原项目拆迁方和被申请人均未能向申请人提供合理的安置补偿方案"为由向湖南省人民政府申请行政复议。复议机关认为，原拆迁人湖南冶金职业技术学院取得的《房屋拆迁许可证》已过期，被申请人依据《国有土地上房屋征收与补偿条例》的规定征收申请人的房屋并不违反法律规定。申请人的部分房屋在神农大道项目用地红线范围内，且房屋地平面高于神农大道地平面 10 余米，房屋不整体拆除将存在严重安全隐患，属于确需拆除的情形，《征收决定》内容适当，且作出前也履行了相关法律程序，故复议机关作出复议决定维持了《征收决定》。杨某芬其后以株州市人民政府为被告提起行政诉讼，请求撤销《征收决定》。

（2）裁判结果。株洲市天元区人民法院一审认为，关于杨某芬提出株洲市人民政府作出的《株洲市人民政府国有土地上房屋征收决定》与株洲市房产管理局作出的《房屋拆迁许可证》主体和内容均相冲突的诉讼理由，因该《房屋拆迁许可证》已失效，神农大道属于新启动项目，两份文件并不存在冲突。关于杨某芬提出征收其红线范围外的房屋违法之主张，因其部分房屋在神农大道项目用地红线范围内，征收系出于公共利益需要，且房屋地面高于神农大道地面 10 余米，不整体拆除将产生严重安全隐患，整体征收拆除符合实际。杨某芬认为神农大道建设项目没有取得建设用地批准书。2011 年 7 月 14 日，株洲市规划局为神农大道建设项目颁发了《建设用地规划许可证》。杨某芬认为株洲市规划局在复议程序中出具的说明不能作为超范围征收的依据。株洲市规划局在复议程序中出具的说明系另一法律关系，非本案审理范围。株洲市人民政府作出的《株洲市人民政府国有土地上房屋征收决定》事实清楚，程序合法，适用法律、法规正确，判决维持。

株洲市中级人民法院二审认为，本案争议焦点为株洲市人民政府作出的《株洲市人民政府国有土地上房屋征收决定》是否合法。2010 年，株洲市人民政府启动神农大道建设项目，株洲市规划局于 2011 年 7 月 14 日颁发了《建设用地规划许可证》。杨某芬的部分房屋在神农大道建设项目用地红线范围内，虽然征收杨某芬整栋房屋超出了神农大道的专项规划，但征收其房屋系公共利益需要，且房屋地面高于神农大道地面 10 余米，如果只拆除规划红线范围内部分房屋，未拆除的规划红线范围外的部分房屋将人为变成危房，失去了房屋应有的价值和作用，整体征收杨某芬的房屋，并给予合理补偿符合实际情况，也是人民政府对人民群众生命财产安全担当责任的表现。判决驳回上诉，维持原判。

（3）典型意义。在房屋征收过程中，如果因规划不合理，致使整幢建筑的一部分未纳入规划红线范围内，则政府出于实用性、居住安全性等因素考虑，将未纳入规划的部分一并征收，该行为体现了"以人为本"，有利于征收工作顺利推进。人民法院认可相关征收决定的合法性，不赞成过于片面、机械地理解法律。

2. 何某诉淮安市淮阴区人民政府房屋征收补偿决定案

（1）基本案情。2011 年 10 月 29 日，淮安市淮阴区人民政府（以下简称"淮阴区政府"）发布《房屋征收决定公告》，决定对银川路东旧城改造项目规划红线范围内的房屋和附属物实施征收。同日，淮阴区政府发布《银川路东地块房屋征收补偿方案》，何某位于淮安市淮阴区黄河路北侧 3 号楼 205 号的房屋在上述征收范围内。经评估，何某被征收房屋住宅部分评估单价为每平方米 3901 元，经营性用房评估单价为每平方米 15600 元。在征收补偿商谈过程中，何某向征收部门表示选择产权调换，但双方就产权调换的地点、面积未能达成协议。2012 年 6 月 14 日，淮阴区政府依征收部门申请作出《房屋征收补偿决定书》，主要内容为：何某被征收房屋建筑面积 59.04 平方米，设计用途为商住。因征收双方未能在征收补偿方案确定的签约期限内达成补偿协议，淮阴区政府作出征收补偿决定：①被征收人货币补偿款总计 607027.15 元；②被征收人何某在接到本决定之日起 7 日内搬迁完毕。何某不服，向淮安市人民政府申请行政复议，后淮安市人民政府复议维持本案征收补偿决定。何某仍不服，遂向法院提起行政诉讼，要求撤销淮阴区政府对其作出的征收补偿决定。

（2）裁判结果。淮安市淮阴区人民法院认为，本案争议焦点为被诉房屋征收补偿决定是否侵害了何某的补偿方式选择权。根据《国有土地上房屋征收与补偿条例》（以下简称《条例》）第二十一条第一款规定，被征收人可以选择货币补偿，也可以选择产权调换。通过对本案证据的分析，可以认定何某选择的补偿方式为产权调换，但被诉补偿决定确定的是货币补偿方式，侵害了何某的补偿选择权。据此，法院作出撤销被诉补偿决定的判决。一审判决后，双方均未提起上诉。

（3）典型意义。在房屋补偿决定诉讼中，旗帜鲜明地维护了被征收人的补偿方式选择权。《国有土地上房屋征收补偿条例》第二十一条明确规定："被征收人可以选择货币补偿，也可以选择房屋产权调换"，而实践中不少"官"民矛盾的产生，源于市、县级政府在作出补偿决定时，没有给被征收人选择补偿方式的机会而径直加以确定。本案的撤销判决从根本上纠正了行政机关这一典型违法情形，为当事人提供了充分的司法救济。

3. 孔某丰诉泗水县人民政府房屋征收决定案

（1）基本案情。2011 年 4 月 6 日，泗水县人民政府作出《泗水县人民政府关于对泗城泗河路东林业局片区和泗河路西古城路北片区实施房屋征收的决定》（以下简称《决定》），其征收补偿方案规定，选择货币补偿的，被征收主房按照该地块多层产权调换安置房的优惠价格补偿；选择产权调换的，安置房超出主房补偿面积的部分由被征收人出资，超出 10 平方米以内的按优惠价结算房价，超出 10 平方米以外的部分按市场价格结算房价；被征收主房面积大于安置房面积的部分，按照安置房优惠价增加每平方米 300元标准给予货币补偿。原告孔某丰的房屋在被征收范围内，其不服该《决定》，提起行政诉讼。

（2）裁判结果。济宁市中级人民法院经审理认为，根据《国有土地上房屋征收与补偿条例》（以下简称《条例》）第二条、第十九条规定，征收国有土地上单位、个人的房屋，应当对被征收房屋所有权人给予公平补偿。对被征收房屋价值的补偿，不得低于房屋征收决定公告之日被征收房屋类似房地产的市场价格。根据立法精神，对被征收房屋的补偿，应参照就近区位新建商品房的价格，以被征收人在房屋被征收后居住条件、生活质量不降低为宜。本案中，优惠价格显然低于市场价格，对被征收房屋的补偿价格也明显低于被征收人的出资购买价格。该征收补偿方案的规定对被征收人显失公平，违反了《条例》的相关规定。故判决：撤销被告泗水县人民政府作出的《决定》。宣判后，各方当事人均未提出上诉。

（3）典型意义。《国有土地上房屋征收与补偿条例》第二条规定的对被征收人给予公平补偿原则，应贯穿于房屋征收与补偿全过程。无论有关征收决定还是补偿决定的诉讼，人民法院都要坚持程序审查与实体审查相结合，一旦发现补偿方案确定的补偿标准明显低于法定的"类似房地产的市场价格"，即便对于影响面大、涉及人数众多的征收决定，该确认违法的要坚决确认违法，该撤销的要坚决撤销，以有力地维护人民群众的根本权益。

4. 文某安诉商城县人民政府房屋征收补偿决定案

（1）基本案情。商城县城关迎春台区域的房屋大多建于几十年前，破损严重，基础设施落后。2012 年 12 月 8 日，商城县房屋征收部门发布《关于迎春台棚户区房屋征收评估机构选择公告》，提供信阳市明宇房地产估价师事务所有限公司、安徽中安房地产评估咨询有限公司、商城县隆盛房地产评估事务所作为具有资质的评估机构，由被征收人选择。后因征收人与被征收人未能协商一致，商城县房屋征收部门于 12 月 11 日发布《关于迎春台棚户区房屋征收评估机构抽签公告》，并于 12 月 14 日组织被征收人和群众代表抽签，确定信阳市明宇房地产估价师事务所有限公司为该次房屋征收的价格评估机构。2012 年 12 月 24 日，商城县人民政府作出《关于迎春台安置区改造建设房屋征收的决定》。原告文某安长期居住的迎春台 132 号房屋在征收范围内。2013 年 5 月 10 日，房地产价格评估机构出具了房屋初评报告。商城县房屋征收部门与原告在征收补偿方案确定的签约期限内未能达成补偿协议，被告于 2013 年 7 月 15 日依据房屋评估报告作出《商城县人民政府房屋征收补偿决定书》。原告不服该征收补偿决定，向人民法院提起诉讼。

（2）裁判结果。信阳市中级人民法院认为，本案被诉征收补偿决定的合法性存在以下问题：①评估机构选择程序不合法。商城县房屋征收部门于 2012 年 12 月 8 日发布《关于迎春台棚户区房屋征收评估机构选择公告》，但商城县人民政府直到 2012 年 12 月 24 日才作出《关于迎春台安置区改造建设房屋征收的决定》，即先发布房屋征收评估机构选择公告，后作出房屋征收决定。这不符合《国有土地上房屋征收与补偿条例》第二十条第一款有关"房地产价格评估机构由被征收人协商选定；协商不成的，通过多数决定、随机选定等方式确定，具体办法由省、自治区、直辖市制定"的规定与《河南省实施〈国有土地上房屋征收与补偿条例〉的规定》第六条的规定，违反法定程序。②对原告文某安的房屋权属认定错误。被告在《关于文某安房屋产权主体不一致的情况说明》中称"文某安在评估过程中拒绝配合致使评估人员未能进入房屋勘察"，但在《迎春台安置区房地产权属情况调查认定报告》中称"此面积为县征收办入户丈量面积、房地产权属情况为权属无争议"。被告提供的证据相互矛盾，且没有充分证据证明系因原告的原因导致被告无法履行勘察程序。且该房屋所有权证及国有土地使用权证登记的权利人均为第三人文某而非文某安，被告对该被征收土地上房屋权属问题的认定确有错误。据此，一审法院判决撤销被诉房屋征收补偿决定。宣判后，各方当事人均未提出上诉。

（3）典型意义。判决从程序合法性、实体合法性两个角度鲜明地指出补偿决定存在的硬伤。在程序合法性方面，依据有关规定突出强调了征收决定作出后才能正式确定评估机构的基本程序要求；在实体合法性方面，强调补偿决定认定的被征收人必须适格。本案因存在征收决定作出前已确定了评估机构，且补偿决定核定的被征收人不是合法权属登记人的问题，故判决撤销补偿决定，彰显了程序公正和实体公正价值的双重意义。

5. 霍某英诉上海市黄浦区人民政府房屋征收补偿决定案

（1）基本案情。上海市顺昌路 281－283 号 283#二层统间系原告霍某英租赁的公有房屋，房屋类型旧里，房屋用途为居住，居住面积 11.9 平方米，折合建筑面积 18.33 平方米。该户在册户口 4 人，即霍某英、孙某萱、陈某理、孙某强。因旧城区改建需要，2012 年 6 月 2 日，被告上海市黄浦区人民政府作出房屋征收决定，原告户居住房屋位于征收范围内。因原告户认为其户经营公司，被告应当对其给予非居住房屋补偿，致征收双方未能在签约期限内达成征收补偿协议。2013 年 4 月 11 日，房屋征收部门即第三人上海市黄浦区住房保障和房屋管理局向被告报请作出征收补偿决定。被告受理后于 2013 年 4 月 16 日召开审理协调会，因原告户自行离开会场致协调不成。被告经审查核实相关证据材料，于 2013 年 4 月 23 日作出房屋征收补偿决定，认定原告户被征收房屋为居住房屋，决定：①房屋征收部门以房屋产权调换的方式补偿公有房屋承租人霍某英户，用于产权调换房屋地址为上海市徐汇区东兰路 121 弄 3 号 204 室，霍某英户支付房屋征收部门差价款 476706.84 元；②房屋征收部门给予霍某英户各项补贴、奖励费等共计492150 元，家用设施移装费按实结算，签约搬迁奖励费按搬迁日期结算；③霍某英户应在收到房屋征收补偿决定书之日起 15 日内搬迁至上述产权调换房屋地址，将被征收房屋腾空。

原告不服该征收补偿决定，向上海市人民政府申请行政复议，上海市人民政府经复议维持该房屋征收补偿决定。原告仍不服，遂向上海市黄浦区人民法院提起行政诉讼，要求撤销被诉征收补偿决定。

（2）裁判结果。上海市黄浦区人民法院认为，被告具有作出被诉房屋征收补偿决定的行政职权，被诉房屋征收补偿决定行政程序合法，适用法律规范正确，未损害原告户的合法权益。本案的主要争议在于原告户的被征收房屋性质应认定为居住房屋还是非居住房屋。经查，孙某萱为法定代表人的上海杨林基隆投资有限公司、上海基隆生态环保科技有限公司的住所地均为本市金山区，虽经营地址登记为本市顺昌路281号，但两公司的营业期限自2003年12月至2008年12月止，且原告承租公房的性质为居住。原告要求被告就孙某萱经营公司给予补偿缺乏法律依据，征收补偿方案亦无此规定，被诉征收补偿决定对其以居住房屋进行补偿于法有据。据此，一审法院判决驳回原告的诉讼请求。宣判后，各方当事人均未提出上诉。

（3）典型意义。本案对如何界定被征收房屋是否属于居住房屋、进而适用不同补偿标准具有积极的借鉴意义。实践中，老百姓最关注的"按什么标准补"的前提往往是"房屋属于什么性质和用途"，这方面争议很多。法院在实践中通常依据房产登记证件所载明的用途认定房屋性质，但如果载明用途与被征收人的主张不一致，需要其提供营业执照和其他相关证据佐证，才有可能酌定不同补偿标准。本案中原告未能提供充分证据证明涉案房屋系非居住房屋，故法院不支持其诉讼请求。

6. 毛某荣诉永昌县人民政府房屋征收补偿决定案

（1）基本案情。2012年1月，永昌县人民政府拟定《永昌县北海子景区建设项目国有土地上房屋征收补偿方案》，向社会公众公开征求意见。期满后，作出《关于永昌县北海子景区建设项目涉及国有土地上房屋征收的决定》并予以公告。原告毛某荣、刘某华、毛某峰（系夫妻、父子关系）共同共有的住宅房屋一处（面积276平方米）、工业用房一处（面积775.8平方米）均在被征收范围内。经房屋征收部门通知，毛某荣等人选定评估机构对被征收房屋进行评估。评估报告作出后，毛某荣等人以漏评为由申请复核，评估机构复核后重新作出评估报告，并对漏评项目进行了详细说明。同年12月26日，房屋征收部门就补偿事宜与毛某荣多次协商无果后，告知其对房屋估价复核结果有异议可依据《国有土地上房屋征收评估办法》，在接到通知之日起10日内向金昌市房地产价格评估专家委员会申请鉴定。毛某荣在规定的期限内未申请鉴定。2013年1月9日，县政府作出《关于国有土地上毛某荣房屋征收补偿决定》，对涉案被征收范围内住宅房屋、房屋室内外装饰、工业用房及附属物、停产停业损失等进行补偿，被征收人选择货币补偿，总补偿款合计人民币1842612元。毛某荣、刘某华、毛某峰认为补偿不合理，补偿价格过低，向市政府提起行政复议。复议机关经审查维持了县政府作出的征收补偿决定。毛某荣、刘某华、毛某峰不服，提起行政诉讼，请求撤销征收补偿决定。

（2）裁判结果。金昌市中级人民法院审理认为，县政府为公共事业的需要，组织实施县城北海子生态保护与景区规划建设，有权依照《国有土地上房屋征收与补偿条例》的规定，征收原告国有土地上的房屋。因房屋征收部门与被征收人在征收补偿方案确定的签约期限内未达成补偿协议，县政府具有依法按照征收补偿方案作出补偿决定的职权。在征收补偿过程中，评估机构系原告自己选定，该评估机构具有相应资质，复核评估报告对原告提出的漏评项目已作出明确说明。原告对评估复核结果虽有异议，但在规定的期限内并未向金昌市房地产价格评估专家委员会申请鉴定。因此，县政府对因征收行为给原告的住宅房屋及其装饰、工业用房及其附属物、停产停业损失等给予补偿，符合《甘肃省实施〈国有土地上房屋征收与补偿条例〉若干规定》的相关规定。被诉征收补偿决定认定事实清楚，适用法律、法规正确，程序合法。遂判决：驳回原告毛某荣、刘某华、毛某峰的诉讼请求。宣判后，各方当事人均未提出上诉。

（3）典型意义。人民法院通过发挥司法监督作用，对合乎法律法规的征收补偿行为给予有力支持。在本案征收补偿过程中，征收部门在听取被征收人对征收补偿方案的意见、评估机构选择、补偿范围确定等方面，比较充分到位，保障了当事人的知情权、参与权，体现了公开、公平、公正原则。通过法官释法明理，原告逐步消除了内心疑虑和不合理的心理预期，不仅未上诉，其后不久又与征收部门达成补偿协议，公益建设项目得以顺利推进，案件处理取得了较好的法律效果和社会效果。

7. 廖某耀诉龙南县人民政府房屋强制拆迁案

（1）基本案情。原告廖某耀的房屋位于龙南县龙南镇龙洲村东胜围小组，2011 年被告龙南县人民政府批复同意建设县第一人民医院，廖某耀的房屋被纳入该建设项目拆迁范围。就拆迁安置补偿事宜，龙南县人民政府工作人员多次与廖某耀进行协商，但因意见分歧较大未达成协议。2013 年 2 月 27 日，龙南县国土及规划部门将廖某耀的部分房屋认定为违章建筑，并下达自行拆除违建房屋的通知。同年 3 月，龙南县人民政府在未按照《中华人民共和国行政强制法》的相关规定进行催告、未作出强制执行决定、未告知当事人诉权的情况下，组织相关部门对廖某耀的违建房屋实施强制拆除，同时对拆迁范围内的合法房屋也进行了部分拆除，导致该房屋丧失正常使用功能。廖某耀认为龙南县人民政府强制拆除其房屋和毁坏财产的行为严重侵犯其合法权益，遂于 2013 年 7 月向赣州市中级人民法院提起了行政诉讼，请求法院确认龙南县人民政府拆除其房屋的行政行为违法。赣州市中级人民法院将该案移交安远县人民法院审理。安远县人民法院受理案件后，于法定期限内向龙南县人民政府送达了起诉状副本和举证通知书，但该政府在法定期限内只向法院提供了对廖某耀违建房屋进行行政处罚的相关证据，没有提供强制拆除房屋行政行为的相关证据和依据。

（2）裁判结果。安远县人民法院认为，根据《中华人民共和国行政诉讼法》第三十二条、第四十三条及《最高人民法院关于执行〈中华人民共和国行政诉讼法〉若干问题的解释》第二十六条之规定，被告对作出的具体行政行为负有举证责任，应当在收到起诉状副本之日起 10 日内提供作出具体行政行为时的证据，未提供的，应当认定该具体行政行为没有证据。本案被告龙南县人民政府在收到起诉状副本和举证通知书后，始终没有提交强制拆除房屋行为的证据，应认定被告强制拆除原告房屋的行政行为没有证据，不具有合法性。据此，依照《最高人民法院关于执行〈中华人民共和国行政诉讼法〉若干问题的解释》第五十七条第二款第（二）项之规定，确认龙南县人民政府拆除廖某耀房屋的行政行为违法。

该判决生效后，廖某耀于 2014 年 5 月向法院提起了行政赔偿诉讼。经安远县人民法院多次协调，最终促使廖某耀与龙南县人民政府就违法行政行为造成的损失及拆除其全部房屋达成和解协议。廖某耀撤回起诉，行政纠纷得以实质性解决。

（3）典型意义。本案凸显了行政诉讼中行政机关的举证责任和司法权威，对促进行政机关及其工作人员积极应诉，不断强化诉讼意识、证据意识和责任意识具有警示作用。法律和司法解释明确规定了行政机关在诉讼中的举证责任，不在法定期限提供证据，视为被诉行政行为没有证据，这是法院处理此类案件的法律底线。本案中，被告将原告的合法房屋在拆除违法建筑过程中一并拆除，在其后诉讼过程中又未能在法定期限内向法院提供据以证明其行为合法的证据，因此只能承担败诉后果。

8. 叶某胜、叶某长、叶某发诉仁化县人民政府房屋行政强制案

（1）基本案情。2009 年，仁化县人民政府（以下简称"仁化县政府"）规划建设仁化县有色金属循环经济产业基地，需要征收广东省仁化县周田镇新庄村民委员会新围村民小组的部分土地。叶某胜、叶某长、叶某发（以下简称"叶某胜等三人"）的房屋所占土地在被征收土地范围之内，属于未经乡镇规划批准和领取土地使用证的"两违"建筑物。2009 年 8 月至 2013 年 7 月间，仁化县政府先后在被征收土地的村民委员会、村民小组张贴《关于禁止抢种抢建的通告》《征地通告》《征地预公告》《致广大村民的一封信》《关于责令停止一切违建行为的告知书》等文书，以调查笔录等形式告知叶某胜等三人房屋所占土地是违法用地。2009 年 10 月、2013 年 6 月，仁化县国土资源局分别发出两份《通知》，要求叶某发停止土地违法行为。2013 年 7 月 12 日凌晨 5 时许，在未发强行拆除通知、未予公告的情况下，仁化县政府组织人员对叶某胜等三人的房屋实施强制拆除。叶某胜等三人遂向广东省韶关市中级人民法院提起行政诉讼，请求确认仁化县政府强制拆除行为违法。

（2）裁判结果。广东省韶关市中级人民法院认为，虽然叶某胜等三人使用农村集体土地建房未经政府批准属于违法建筑，但仁化县政府在 2013 年 7 月 12 日凌晨对叶某胜

等三人所建的房屋进行强制拆除，程序上存在严重瑕疵，即采取强制拆除前未向叶某胜等三人发出强制拆除通知，未向强拆房屋所在地的村民委员会、村民小组张贴公告限期自行拆除，违反了《中华人民共和国行政强制法》第三十四条、第四十四的规定。而且，仁化县政府在夜间实施行政强制执行，不符合《中华人民共和国行政强制法》第四十三条第一款有关"行政机关不得在夜间或者法定节假日实行强制执行"的规定。据此，依照《最高人民法院关于执行〈中华人民共和国行政诉讼法〉若干问题的解释》第五十七条的规定，判决：确认仁化县政府于 2013 年 7 月 12 日对叶某胜等三人房屋实施行政强制拆除的具体行政行为违法。宣判后，各方当事人均未提出上诉。

（3）典型意义。本案充分体现了行政审判监督政府依法行政、保障公民基本权益的重要职能。即使对于违法建筑的强制拆除，也要严格遵循《中华人民共和国行政强制法》的程序性规定，拆除之前应当先通知相对人自行拆除，在当地张贴公告且不得在夜间拆除。本案被告未遵循这些程序要求，被人民法院判决确认违法。《中华人民共和国行政强制法》自 2012 年 1 月 1 日起至今施行不久，本案判决有助于推动该法在行政审判中的正确适用。

9. 叶某祥诉湖南省株洲市规划局、株洲市石峰区人民政府不履行拆除违法建筑法定职责案

（1）基本案情。2010 年 7 月，株洲市石峰区田心街道东门社区民主村小东门散户 111 号户主沈某湘，在未经被告株洲市规划局等有关单位批准的情况下，将其父沈某如遗留旧房拆除，新建和扩建新房，严重影响了原告叶某祥的通行和采光。原告于 2010 年 7 月 9 日向被告株洲市规划局举报。该局于 2010 年 10 月对沈某湘新建扩建房屋进行调查、勘验，于 2010 年 10 月 23 日，对沈某湘作出了行政处罚告知书，告知其建房行为违反《中华人民共和国城乡规划法》第四十条，属违法建设。依据《中华人民共和国城乡规划法》第六十八条之规定，限接到告知书之日起，五天内自行无偿拆除，限期不拆除的，将由株洲市石峰区人民政府组织拆除。该告知书送达沈某湘本人，其未能拆除。原告叶某祥于 2010 ~ 2013 年通过向株洲市石峰区田心街道东门社区委员会、株洲市规划局、株洲市石峰区人民政府举报和请求依法履行强制拆除沈某湘违法建筑行政义务，采取申请书等请求形式未能及时解决。2013 年 3 月 8 日，被告株洲市规划局对沈某湘作出行政处罚决定书，认定沈某湘的建房行为违反《中华人民共和国城乡规划法》第四十条和《湖南省实施〈中华人民共和国城乡规划法〉办法》第二十五条之规定，属违法建设。依据《中华人民共和国城乡规划法》第六十四条和《湖南省实施〈中华人民共和和国城乡规划法〉办法》第五十一条之规定，限沈某湘接到决定书之日起，三日内自行无偿拆除。如限期不自行履行本决定，依据《中华人民共和国城乡规划法》第六十八条和《湖南省实施〈中华人民共和国城乡规划法〉办法》第五十四条及《株洲市制止和拆除违法建设规定》文件规定，将由石峰区人民政府组织实施强制拆除。由于被告株洲市规划局、株洲市石峰区人民政府未能完全履行拆除违法建筑法定职责，原告于2013年6月5日向法院提起行政诉讼。

（2）裁判结果。株洲市荷塘区人民法院认为，被告株洲市石峰区人民政府于2010年12月接到株洲市规划局对沈某湘作出的行政处罚告知书和行政处罚决定书后，应按照株洲市规划局的授权积极履行法定职责，组织实施强制拆除违法建设。虽然被告株洲市石峰区人民政府在履行职责中对沈某湘违法建设进行协调等工作，但未积极采取措施，其拆除违法建设工作未到位，属于不完全履行拆除违法建设的法定职责。根据《中华人民共和国城乡规划法》第六十八条、《中华人民共和国行政诉讼法》第五十四条第三款的规定，判决被告株洲市石峰区人民政府在三个月内履行拆除沈某湘违法建设法定职责的行政行为。宣判后，各方当事人均未提出上诉。

（3）典型意义。本案以违法建设相邻权人提起的行政不作为诉讼为载体，有效发挥司法能动性，督促行政机关切实充分地履行拆除违建、保障民生的法定职责。针对各地违法建设数量庞大、局部地区有所蔓延的态势，虽然《中华人民共和国城乡规划法》规定了县级以上人民政府对违反城市规划、乡镇人民政府对违反乡村规划的违法建设有权强制拆除，但实际情况不甚理想。违法建设侵犯相邻权人合法权益难以救济成为一种普遍现象和薄弱环节，本案判决在这一问题上表明了法院应有的态度：即使行政机关对违建采取过一定查处措施，但如果不到位仍构成不完全履行法定职责，法院有权要求行政机关进一步履行到位。这方面审判力度需要不断加强。

10. 艾某云、沙某芳诉马鞍山市雨山区人民政府房屋征收补偿决定案

（1）基本案情。2012年3月20日，雨山区人民政府发布《雨山区人民政府征收决定》及《采石古镇旧城改造项目房屋征收公告》。艾某云、沙某芳名下的马鞍山市雨山区采石九华街22号房屋位于征收范围内，其房产证证载房屋建筑面积774.59平方米；房屋产别：私产；设计用途：商业。土地证记载使用权面积1185.9平方米；地类（用途）：综合；使用权类型：出让。2012年12月，雨山区房屋征收部门在司法工作人员全程见证和监督下，抽签确定雨山区采石九华街22号房屋的房地产价格评估机构为安徽民生房地产评估有限公司。2012年12月12日，安徽民生房地产评估有限公司向雨山区房屋征收部门提交了对艾某云、沙某芳名下房屋作出的市场价值估价报告。2013年1月

16 日，雨山区人民政府对被征收人艾某云、沙某芳作出《房屋征收补偿决定书》。艾某云、沙某芳认为，被告作出补偿决定前没有向原告送达房屋评估结果，剥夺了原告依法享有的权利，故提起行政诉讼，请求依法撤销该《房屋征收补偿决定书》。

（2）裁判结果。马鞍山市中级人民法院认为，根据《国有土地上房屋征收与补偿条例》第十九条的规定，被征收房屋的价值由房地产价格评估机构按照房屋征收评估办法评估确定。对评估确定的被征收房屋价值有异议的，可以向房地产价格评估机构申请复核评估。对复核结果有异议的，可以向房地产价格评估专家委员会申请鉴定。根据住房和城乡建设部颁发的《国有土地上房屋征收评估办法》第十六条、第十七条、第二十条、第二十二条的规定，房屋征收部门应当将房屋分户初步评估结果在征收范围内向被征收人公示。公示期满后，房屋征收部门应当向被征收人转交分户评估报告。被征收人对评估结果有异议的，自收到评估报告 10 日内，向房地产评估机构申请复核评估。对复核结果有异议的，自收到复核结果 10 日内，向房地产价格评估专家委员会申请鉴定。从本案现有证据看，雨山区房屋征收部门在安徽民生房地产评估有限公司对采石九华街 22 号作出的商业房地产市场价值评估报告后，未将该报告内容及时送达艾某云、沙某芳并公告，致使艾某云、沙某芳对其房产评估价格申请复核评估和申请房地产价格评估专家委员会鉴定的权利丧失，属于违反法定程序。据此，判决撤销雨山区人民政府作出的《房屋征收补偿决定书》。宣判后，各方当事人均未提出上诉。

（3）典型意义。本案通过严格的程序审查，在评估报告是否送达这一细节上，彰显了司法对被征收人获得公平补偿权的全方位保护。房屋价值评估报告是行政机关作出补偿决定最重要的依据之一，如果评估报告未及时送达，会导致被征收人申请复估和申请鉴定的法定权利无法行使，进而使得补偿决定本身失去合法性基础。本案判决敏锐地把握住了程序问题与实体权益保障的重要关联性，果断撤销了补偿决定，保障是充分到位的。

5.2.3　人民法院公布的征收拆迁典型案例[①]

2018 年，最高人民法院公布了第二批征收拆迁典型案例。

1. 王某俊诉北京市房山区住房和城乡建设委员会拆迁补偿安置行政裁决案

（1）基本案情。2010 年，北京市房山区因轨道交通房山线东羊庄站项目建设需要

---

① 《人民法院征收拆迁典型案例（第二批）》，载于《人民日报》2018 年 5 月 15 日。

对部分集体土地实施征收拆迁，王某俊所居住的房屋被列入拆迁范围。该户院宅在册人口共7人，包括王某俊的儿媳和孙女。因第三人房山区土地整理储备分中心与王某俊未能达成拆迁补偿安置协议，第三人遂向北京市房山区住房和城乡建设委员会（以下简称"房山区住建委"）申请裁决。2014年3月6日，房山区住建委作出被诉行政裁决，以王某俊儿媳、孙女的户籍迁入时间均在拆迁户口冻结统计之后、不符合此次拆迁补偿和回迁安置方案中确认安置人口的规定为由，将王某俊户的在册人口认定为5人。王某俊不服诉至法院，请求撤销相应的行政裁决。

（2）裁判结果。北京市房山区人民法院一审认为，王某俊儿媳与孙女的户籍迁入时间均在拆迁户口冻结统计之后，被诉的行政裁决对在册人口为5人的认定并无不当，故判决驳回王某俊的诉讼请求。王某俊不服，提起上诉。北京市第二中级人民法院二审认为，依据《北京市集体土地房屋拆迁管理办法》第八条第一款第（三）项有关"用地单位取得征地或者占地批准文件后，可以向区、县国土房管局申请在用地范围内暂停办理入户、分户，但因婚姻、出生、回国、军人退伍转业、经批准由外省市投靠直系亲属、刑满释放和解除劳动教养等原因必须入户、分户的除外"的规定，王某俊儿媳因婚姻原因入户，其孙女因出生原因入户，不属于上述条款中规定的暂停办理入户和分户的范围，不属于因擅自办理入户而在拆迁时不予认定的范围。据此，被诉的行政裁决将王某俊户的在册人口认定为5人，属于认定事实不清、证据不足，二审法院判决撤销一审判决及被诉的行政裁决，并责令房山区住建委重新作出处理。

（3）典型意义。在集体土地征收拆迁当中，安置人口数量之认定关乎被拆迁农户财产权利的充分保护，准确认定乃是依法行政应有之义。实践中，有些地方出于行政效率等方面的考虑，简单以拆迁户口冻结统计的时间节点来确定安置人口数量，排除因婚姻、出生、回国、军人退伍转业等原因必须入户、分户的特殊情形，使得某些特殊人群尤其是弱势群体的合理需求得不到应有的尊重，合法权益得不到应有的保护。本案中，二审法院通过纠正错误的一审判决和被诉行政行为，正确贯彻征收补偿的法律规则，充分保护农民合法权益的同时，也体现了国家对婚嫁女、新生儿童等特殊群体的特别关爱。

2. 孙某兴诉浙江省舟山市普陀区人民政府房屋征收补偿案

（1）基本案情。2015年2月10日，浙江省舟山市普陀区人民政府（以下简称"普陀区政府"）作出房屋征收决定，对包括孙某兴在内的国有土地上房屋及附属物进行征收。在完成公告房屋征收决定、选择评估机构、送达征收评估分户报告等法定程序之后，孙某兴未在签约期限内达成补偿协议、未在规定期限内选择征收补偿方式，且因孙某兴的原因，评估机构无法入户调查，完成被征收房屋的装饰装修及附属物的价值评估工作。2015 年 5 月 19 日，普陀区政府作出被诉房屋征收补偿决定，并向其送达。该补偿决定明确了被征收房屋补偿费、搬迁费、临时安置费等数额，决定被征收房屋的装饰装修及附属物经入户按实评估后，按规定予以补偿及其他事项。孙某兴不服，提起诉讼，请求撤销被诉房屋征收补偿决定。

（2）裁判结果。舟山市中级人民法院一审认为，本案房地产价格评估机构根据被征收房屋所有权证所载内容并结合前期调查的现场勘察结果，认定被征收房屋的性质、用途、面积、位置、建筑结构、建筑年代等，并据此作出涉案房屋的征收评估分户报告，确定了评估价值（不包括装修、附属设施及未经产权登记的建筑物）。因孙某兴的原因导致无法入户调查、评估被征收房屋的装饰装修及附属物的价值，故被诉房屋征收补偿决定载明对于被征收房屋的装饰装修及附属物经入户按实评估后按规定予以补偿。此符合《浙江省国有土地上房屋征收与补偿条例》第三十三条第三款的规定，并未损害孙某兴的合法权益，遂判决驳回了孙某兴的诉讼请求。孙某兴提起上诉，浙江省高级人民法院判决驳回上诉、维持原判。

（3）典型意义。评估报告只有准确反映被征收房屋的价值，被征收人才有可能获得充分合理的补偿。要做到这一点，不仅需要行政机关和评估机构依法依规实施评估，同时也离不开征收人自身的配合与协助。如果被征收人拒绝履行配合与协助的义务导致无法评估，不利后果应由被征收人承担。本案即属此种情形。在孙某兴拒绝评估机构入户，导致装饰装修及房屋附属物无法评估的情况下，行政机关没有直接对上述财物确定补偿数额，而是在决定中载明经入户按实评估后按规定予以补偿，人民法院判决对这一做法予以认可。此案判决不仅体现了对被拆迁人合法权益的保护，更值得注意的是，以个案方式引导被征收人积极协助当地政府的依法征拆工作，依法维护自身的合法权益。

3. 王某超等 3 人诉吉林省长春市九台区住房和城乡建设局紧急避险决定案

（1）基本案情。2010 年，吉林省人民政府作出批复，同意对向阳村集体土地实施征收，王某超等 3 人所有的房屋被列入征收范围。后王某超等 3 人与征收部门就房屋补偿安置问题未达成一致意见，2013 年 11 月 19 日，长春市国土资源管理局作出责令交出土地的决定。2015 年 4 月 7 日，经当地街道办事处报告，吉林省建筑工程质量检测中心作出鉴定，认定涉案房屋属于"D 级危险"房屋。同年 4 月 23 日，长春市九台区住房和城乡建设局（以下简称"九台区住建局"）对涉案房屋作出紧急避险决定。在催告、限期拆除未果的情况下，九台区住建局于 2015 年 4 月 28 日对涉案房屋实施了强制拆除行为。王某超等 3 人对上述紧急避险决定不服，提起行政诉讼，请求法院判决确认该紧急避险决定无效、责令被告在原地重建房屋等。

（2）裁判结果。长春市九台区人民法院一审认为，本案紧急避险决定所涉的房屋建筑位于农用地专用项目的房屋征收范围内，应按照征收补偿程序进行征收。九台区住建局作出紧急避险决定，对涉案房屋予以拆除的行为违反法定程序，属于程序违法。一审判决撤销被诉的紧急避险决定，但同时驳回王某超等3人要求原地重建的诉讼请求。王某超等3人不服，提起上诉。长春市中级人民法院二审认为，涉案房屋应当由征收部门进行补偿后，按照征收程序予以拆除。根据《城市危险房屋管理规定》相关要求，提出危房鉴定的申请主体应当是房屋所有人和使用人，而本案系当地街道办事处申请，主体不适格；九台区住建局将紧急避险决定直接贴于无人居住的房屋外墙，送达方式违法；该局在征收部门未予补偿的情况下，对涉案房屋作出被诉的紧急避险决定，不符合正当程序，应予撤销。但王某超等3人要求对其被拆除的房屋原地重建的主张，不符合该区域的整体规划。二审法院遂判决驳回上诉、维持原判。

（3）典型意义。在行政执法活动尤其是不动产征收当中，程序违法是一种常见多发的违法形态。本案中，被告为了节省工期，对于已经启动征地程序的房屋，错误地采取危房鉴定和强制拆除的做法，刻意规避补偿程序，构成程序滥用，严重侵犯当事人合法权益。对于此种借紧急避险为由行违法强拆之实的情形，人民法院依法判决撤销被诉行为，彰显了行政诉讼保护公民产权的制度功能。此案的典型意义在于昭示了行政程序的价值，它不仅是规范行政权合法行使的重要方式，也是维护相对人合法权益的保障机制。在土地征收当中，行政机关只有遵循行政程序，才能做到"严格、规范、公正、文明"执法，才能体现以人为本、尊重群众主体地位，才能实现和谐拆迁，才能符合新时代中国特色社会主义法治精神的要求。

4. 陆某尧诉江苏省泰兴市人民政府济川街道办事处强制拆除案

（1）基本案情。陆某尧在取得江苏省泰兴市泰兴镇（现济川街道）南郊村张堡二组138平方米的集体土地使用权并领取相关权证后，除了在该地块上出资建房外，还在房屋北侧未领取权证的空地上栽种树木，建设附着物。2015年12月9日上午，陆某尧后院内的树木被人铲除，道路、墩柱及围栏被人破坏，拆除物被运离现场。当时有济川街道办事处（以下简称"街道办"）的工作人员在场。此外，作为陆某尧持有权证地块上房屋的动迁主体，街道办曾多次与其商谈房屋的动迁情况，其间也涉及房屋后院的搬迁事宜。陆某尧认为，在无任何法律文书为依据、未征得其同意的情况下，街道办将后院拆除搬离的行为违法，故以街道办为被告诉至法院，请求判决确认拆除后院的行为违法，并恢复原状。

（2）裁判结果。泰州医药高新技术产业开发区人民法院一审认为，涉案附着物被拆除时，街道办有工作人员在场，尽管其辩称系因受托征收项目在附近，并未实际参与拆除活动，但未提交任何证据予以证明。经查，陆某尧房屋及地上附着物位于街道办的行政辖区内，街道办在强拆当天日间对有主的地上附着物采取了有组织的拆除运离，且街道办亦实际经历了该次拆除活动。作为陆某尧所建房屋的动迁主体，街道办具有推进动迁工作、拆除非属动迁范围之涉案附着物的动因，故从常理来看，街道办称系单纯目击而非参与的理由难以成立。据此，在未有其他主体宣告实施拆除或承担责任的情况下，可以推定街道办系该次拆除行为的实施主体。一审法院遂认定街道办为被告，确认其拆除陆某尧房屋北侧地上附着物的行为违法。一审判决后，原、被告双方均未提起上诉。

（3）典型意义。不动产征收当中最容易出现的问题是，片面追求行政效率而牺牲正当程序，甚至不作书面决定就直接强拆房屋的事实行为也时有发生。强制拆除房屋以事实行为为面目出现，往往会给相对人寻求救济造成困难。按照行政诉讼法的规定，起诉人证明被诉行为系行政机关而为是起诉条件之一，但是由于行政机关在强制拆除之前并未制作、送达任何书面法律文书，相对人要想获得行为主体的相关信息和证据往往很难。如何在起诉阶段证明被告为谁，有时成为制约公民、法人或者其他组织行使诉权的主要因素，寻求救济就会陷入僵局。如何破局？如何做到既合乎法律规定，又充分保护诉权，让人民群众感受到公平正义，就是人民法院必须回答的问题。本案中，人民法院注意到强拆行为系动迁的多个执法阶段之一，通过对动迁全过程和有关规定的分析，得出被告街道办具有推进动迁和强拆房屋的动因，为行为主体的推定奠定了事理和情理的基础，为案件处理创造了情理法结合的条件。此案有两点启示意义：一是在行政执法不规范造成相对人举证困难的情况下，人民法院不宜简单以原告举证不力为由拒之门外，在此类案件中要格外关注诉权保护；二是事实行为是否系行政机关所为，人民法院应当从基础事实出发，结合责任政府、诚信政府等法律理念和生活逻辑作出合理判断。

5. 吉林省永吉县龙达物资经销处诉吉林省永吉县人民政府征收补偿案

（1）基本案情。2015 年 4 月 8 日，吉林省永吉县人民政府（以下简称"永吉县政府"）作出房屋征收决定，决定对相关的棚户区实施改造，同日发布《房屋征收公告》并张贴于拆迁范围内的公告栏。永吉县龙达物资经销处（以下简称"经销处"）所在地段处于征收范围。2015 年 4 月 27 日至 29 日，永吉县房屋征收经办中心作出选定评估机构的实施方案，并于 4 月 30 日召开选定大会，确定改造项目的评估机构。2015 年 9 月 15 日，永吉县政府依据评估结果作出房屋征收补偿决定。经销处认为，该征收补偿决定存在认定事实不清、程序违法，评估机构的选定程序和适用依据不合法，评估价格明显低于市场价格等诸多问题，故以永吉县政府为被告诉至法院，请求判决撤销上述房屋征收补偿决定。

（2）裁判结果。吉林市中级人民法院一审认为，被诉房屋征收补偿决定依据的评估报告从形式要件看，分别存在没有评估师签字，未附带设备、资产明细或者说明，未标注或者释明被征收人申请复核评估的权利等不符合法定要求的形式问题；从实体内容看，在对被征收的附属物评估和资产、设备评估上均存在评估漏项的问题。上述评估报告明显缺乏客观性、公正性，不能作为被诉房屋征收补偿决定的合法依据。遂判决撤销被诉房屋征收补偿决定，责令永吉县政府 60 日内重新作出行政行为。永吉县政府不服提起上诉，吉林省高级人民法院二审以与一审相同的理由判决驳回上诉、维持原判。

（3）典型意义。在征收拆迁案件当中，评估报告作为确定征收补偿价值的核心证据，人民法院能否依法对其进行有效审查，已经在很大程度上决定着案件能否得到实质解决、被拆迁人的合法权益能否得到充分保障。本案中，人民法院对评估报告的审查是严格的、到位的，因而效果也是好的。在认定涉案评估报告存在遗漏评估设备、没有评估师的签字盖章、未附带资产设备的明细说明、未告知申请复核的评估权利等系列问题之后，对这些问题的性质作出评估，得出了两个结论：一是评估报告不具备合法的证据形式，不能如实地反映被征收人的财产情况；二是据此认定评估报告缺乏客观公正性、不具备合法效力。在上述论理基础上撤销了被诉房屋征收补偿决定并判令行政机关限期重作。本案对评估报告所进行的适度审查，可以作为此类案件的一种标杆。

6. 焦某顺诉河南省新乡市卫滨区人民政府行政征收管理案

（1）基本案情。2014 年 6 月 27 日，河南省新乡市卫滨区人民政府（以下简称"卫滨区政府"）作出《关于调整京广铁路与中同街交汇处西北区域征收范围的决定》（以下简称《调整征收范围决定》），将房屋征收范围调整为京广铁路以西、卫河以南、中同大街以北（不包含中同大街 166 号住宅房）、立新巷以东。焦某顺系中同大街 166 号住宅房的所有权人。焦某顺认为卫滨区政府作出《调整征收范围决定》不应将其所有的房屋排除在外，且《调整征收范围决定》作出后未及时公告，对原房屋征收范围不产生调整的效力，请求人民法院判决撤销《调整征收范围决定》。

（2）裁判结果。新乡市中级人民法院一审认为，卫滨区政府作出的《调整征收范围决定》不涉及焦某顺所有的房屋，对其财产权益不产生实际影响，焦某顺与被诉行政行为之间没有利害关系，遂裁定驳回了焦某顺的起诉。焦某顺提起上诉，河南省高级人民法院二审驳回上诉、维持原裁定。

（3）典型意义。在行政诉讼中，公民权利意识特别是诉讼意识持续高涨是社会和法治进步的体现。但是，公民、法人或者其他组织提起行政诉讼应当具有诉的利益及诉的必要性，即与被诉行政行为之间存在"利害关系"。人民法院要依法审查被诉行政行为是否对当事人权利义务造成影响？是否会导致当事人权利义务发生增减得失？既不能对于当事人合法权利的影响视而不见，损害当事人的合法诉权；也不得虚化、弱化利害关系的起诉条件，受理不符合行政诉讼法规定的受案范围条件的案件，造成当事人不必要的诉累。本案中，被告卫滨区政府决定不再征收焦某顺所有的房屋，作出了《调整征收范围决定》。由于《调整征收范围决定》对焦某顺的财产权益不产生实际影响，其提起本案之诉不具有值得保护的实际权益。人民法院依法审查后，裁定驳回起诉，有利于引导当事人合理表达诉求，保护和规范当事人依法行使诉权。

7. 王某影诉辽宁省沈阳市浑南现代商贸区管理委员会履行补偿职责案

（1）基本案情。2011 年 12 月 5 日，王某影与辽宁省沈阳市东陵区（浑南新区）第二房屋征收管理办公室（以下简称"房屋征收办"）签订国有土地上房屋征收与补偿安置协议，选择实物安置的方式进行拆迁补偿，并约定房屋征收办于 2014 年 3 月 15 日前交付安置房屋，由王某影自行解决过渡用房，临时安置补助费每月 996.3 元。然而，房屋征收办一直未履行交付安置房屋的约定义务。2016 年 5 月 5 日，王某影与房屋征收办重新签订相关协议，选择货币方式进行拆迁补偿。其实际收到补偿款 316829 元，并按每月 996.3 元的标准领取了至 2016 年 5 月的临时安置补助费。其后因政府发文调整征收职责，相关职责下发到各个功能区管理委员会负责。王某影认为按照《沈阳市国有土地上房屋征收与补偿办法》第三十六条有关超期未回迁的双倍支付临时安置补助费的规定，沈阳市浑南现代商贸区管理委员会（以下简称"浑南商贸区管委会"）未履行足额支付其超期未回迁安置补助费的职责，遂以该管委会为被告诉至法院，请求判决被告支付其自 2014 年 1 月 1 日起至 2016 年 5 月止的超期未回迁安置补助费 47822.4 元（以每月 1992.6 元为标准）。

（2）裁判结果。沈阳市大东区人民法院一审认为，王某影以实物安置方式签订的回迁安置协议已变更为以货币补偿方式进行拆迁补偿。合同变更后，以实物安置方式为标的的回迁安置协议已终止，遂判决驳回王某影的诉讼请求。王某影不服，提起上诉。沈阳市中级人民法院二审认为，本案焦点问题在于浑南商贸区管委会是否应当双倍支付临时安置补助费。由于 2016 年 5 月王某影与房屋征收办重新签订货币补偿协议时，双方关于是否双倍给付过渡期安置费问题正在民事诉讼过程中，未就该问题进行约定。根据《沈阳市国有土地上房屋征收与补偿办法》（2015 年 2 月实施）第三十六条第三项有关"超期未回迁的，按照双倍支付临时安置补助费。选择货币补偿的，一次性支付 4 个月临时安置补助费"的规定，浑南商贸区管委会应当双倍支付王某影 2015 年 2 月至 2016 年 5 月期间的临时安置补助费。虑及王某影已经按照一倍标准领取了临时安置补助费，二审法院遂撤销一审判决，判令浑南商贸区管委会以每月 996.3 元为标准，支付王某影 2015 年 2 月至 2016 年 5 月期间的另一倍的临时安置补助费 15940.8 元。

（3）典型意义。在依法治国的进程中，以更加柔和、富有弹性的行政协议方式代替以命令强制为特征的高权行为，是行政管理的一个发展趋势。如何通过行政协议的方式在约束行政权的随意性与维护行政权的机动性之间建立平衡，如何将行政协议置于依法行政理念支配之下，是加强法治政府建设面临的重要课题之一。本案即为人民法院通过司法审查确保行政机关对行政协议权的行使符合法律要求，切实保障被征收人合法权益的典型案例。本案中，当事人通过合意，即签订国有土地上房屋征收与补偿安置协议的形式确定了各自行政法上具体的权利义务。行政协议约定的内容可能包罗万象，但依然会出现遗漏约定事项的情形。对于两个行政协议均未约定的"双倍支付"临时安置补助费的内容，二审法院依据 2015 年 2 月实施的《沈阳市国有土地上房屋征收与补偿办法》有关"超期未回迁的，按照双倍支付临时安置补助费"之规定，结合行政机关未能履行 2011 年协议承诺的交房义务以及 2016 年已协议改变补偿方式等事实，判令行政机关按照上述规定追加补偿原告 2015 年 2 月至 2016 年 5 月期间一倍的临时安置补助费。此案判决明确了人民法院可适用地方政府规章等规定对行政协议未约定事项依法"填漏补缺"的裁判规则，督促行政机关在房屋征收补偿工作中及时准确地适用各种惠及民生的新政策、新规定，对如何处理行政协议约定与既有法律规定之间的关系具有重要的指导意义。

8. 谷某梁、孟某林诉江苏省盐城市亭湖区人民政府房屋征收补偿决定案

（1）基本案情。2015 年 4 月 3 日，江苏省盐城市亭湖区人民政府（以下简称"亭湖区政府"）作出涉案青年路北侧地块建设项目房屋征收决定并予公告，同时公布了征收补偿实施方案，确定亭湖区住房和城乡建设局（以下简称"亭湖区住建局"）为房屋征收部门。谷某梁、孟某林两人的房屋位于征收范围内。其后，亭湖区住建局公示了 4 家评估机构，并按法定方式予以确定。2015 年 4 月 21 日，该局公示了分户初步评估结果，并告知被征收人 10 日内可申请复估。后给两人留置送达了《房屋分户估价报告单》《装饰装潢评估明细表》《附属物评估明细表》，两人未书面申请复估。2016 年 7 月 26 日，该局向两人发出告知书，要求其选择补偿方式，逾期将提请亭湖区政府作出征收补偿决定。两人未在告知书指定期限内选择，也未提交书面意见。2016 年 10 月 10 日，亭湖区政府作出征收补偿决定书，经公证后向两人送达，且在征收范围内公示。两人不服，以亭湖区政府为被告提起行政诉讼，请求撤销上述征收补偿决定书。

（2）裁判结果。盐城市中级人民法院一审认为，亭湖区政府具有作出征收补偿决定的法定职权。在征收补偿过程中，亭湖区住建局在被征收人未协商选定评估机构的情况下，在公证机构的公证下于 2015 年 4 月 15 日通过抽签方式依法确定仁禾估价公司为评估机构。亭湖区政府根据谷某梁、孟某林的户籍证明、房屋登记信息表等权属证明材料，确定被征收房屋权属、性质、用途及面积等，并将调查结果予以公示。涉案评估报告送达谷某梁、孟某林后，其未在法定期限内提出异议。亭湖区政府依据分户评估报告等材料，确定涉案房屋、装饰装潢、附属物的价值，并据此确定补偿金额，并无不当。征收部门其后书面告知两人有权选择补偿方式。在两人未在规定期限内选择的情形下，亭湖区政府为充分保障其居住权，根据亭湖区住建局的报请，按照征收补偿方案作出房屋征收补偿决定，确定产权调换的补偿方式进行安置，依法向其送达。被诉决定认定事实清楚，适用法律、法规正确，程序合法，故判决驳回原告诉讼请求。一审宣判后，双方均未上诉。

（3）典型意义。"正义不仅要实现，而且要以看得见的方式实现"。科学合理的程序可以保障人民群众的知情权、参与权、陈述权和申辩权，促进实体公正。程序正当性在推进法治政府建设过程中具有独立的实践意义和理论价值，这既是党的十九大对加强权力监督与运行机制的基本要求，也是法治发展到一定阶段推进依法行政、建设法治政府的客观需要。《国有土地上房屋征收补偿条例》确立了征收补偿应当遵循决策民主、程序正当、结果公开原则，并对评估机构选择、评估过程运行、评估结果送达以及申请复估、申请鉴定等关键程序作了具有可操作性的明确规定。在房屋征收补偿过程中，行政机关不仅要做到实体合法，也必须做到程序正当。本案中，人民法院结合被诉征收补偿决定的形成过程，着重从评估机构的选定、评估事项的确定、评估报告的送达、评估异议以及补偿方式的选择等多个程序角度，分析了亭湖区政府征收全过程的程序正当性，进而肯定了安置补偿方式与结果的合法性。既强调被征收人享有的应受法律保障的程序与实体权利，也支持了本案行政机关采取的一系列正确做法，有力地发挥了司法监督作用，对于确立相关领域的审查范围和审查标准，维护公共利益具有示范意义。

5.2.4　周某平诉湖州经济技术开发区管理委员会行政赔偿案[①]

1. 基本案情

周某平在浙江省湖州市吴兴区凤凰街道陈板桥村章家湾自然村拥有房屋两处（建筑

---

① 陈东升、王春：《法院判决释明国家赔偿法立法精神》，载于《法制日报》2018 年 11 月 22 日。

面积分别为 262.44 平方米、238.88 平方米）。章家湾村于 2010 年起开始实施农房拆迁改造，周某平的两栋房屋在拆迁改造范围内。2012 年 3 月 13 日，在未与周某平达成安置补偿协议的情况下，湖州经济技术开发区管理委员会（以下简称"湖州经开区管委会"）之内设机构拆迁办公室（以下简称"拆迁办"）将涉案建筑强制拆除。本案历经一审、二审和最高法院再审等多个环节。本案的复杂性不在地方政府是否违法，而在赔偿金额如何计算。

2. 裁判结果

周某平不服诉至一审法院，请求判令湖州经开区管委会按国有土地上房屋征收标准对其安置赔偿人民币 8271780 元。2016 年 4 月，湖州市中级人民法院一审判决认定强拆行为违法，根据涉案建筑物的重置价格，判决湖州经济技术开发区管理委员会赔偿周某平赔偿金 499617.9 元；驳回周某平其他诉讼请求。

一审判决依据是：（1）依据《最高人民法院关于审理行政赔偿案件若干问题的规定》第二十八条之规定，作出本行政案件采取分开立案、合并审理的方式审理；（2）涉案建筑已被拆除且无法评估，依据浙江众诚房地产评估事务所作出的众诚评估《湖州房地产评估单》以及参照《湖州市住房和城乡建设局关于印发湖州市市区国有土地上房屋征收评估有关标准的通知》（以下简称《通知》）确定价值。否决周某平的参照邻近地块国有土地上商品房价格予以确认赔偿标准要求。

周某平不服一审判决，向浙江省高级人民法院提出上诉，请求撤销一审判决，依法改判湖州经开区管委会向其支付赔偿金 13641920 元。他的上诉理由是：以《通知》为依据，确定其房屋的赔偿价值系适用法律错误。一审判决未适用市场比较法对其房屋价值进行测算是明显错误的，未能正确适用《中华人民共和国物权法》《国有土地上房屋征收与补偿条例》《最高人民法院关于审理涉及农村集体土地行政案件若干问题的规定》相关条款处理本案。因合法建筑已被强制拆除，对被拆除房屋进行重置已不可能实现，只能购买周边同等地段的商品房用于居住，其要求参照同等地段商品房价格确定赔偿数额完全合情、合理、合法。

浙江省高级人民法院二审判决认为，原审判决赔偿计算标准并无不当，但上诉人仍享有陈板桥村章家湾自然村农房拆迁改造安置补偿的权利。驳回上诉，维持原判。

二审判决依据为：（1）根据《中华人民共和国国家赔偿法》（以下简称《国家赔偿法》）第二条规定，判定周某平提出按照国有土地上房屋征收补偿标准给予赔偿缺乏事实和法律依据；（2）涉案房屋已被拆除且无法再行评估，同意一审法院的按照被拆除农房的重置价格结合成新计算涉案房屋的赔偿金；（3）周某平仍享有章家湾村农房拆迁改造安置补偿的权利。

周某平向最高人民法院申请再审，请求撤销一审、二审判决，依法改判湖州经开区管委会向其支付赔偿金 27071280 元。

二审法院判决认为：（1）行政赔偿与拆迁补偿安置分属不同的救济途径，要求再审申请人另行主张拆迁改造安置补偿，将此事项排除于行政赔偿范围之外。（2）被申请人对涉案房屋的行政强制拆除行为已被法院确认违法，理应按照《国家赔偿法》的相关规定作出全面的赔偿。且即便按被申请人拟定的拆迁安置政策，再审申请人的 501.32 平方米的房屋被拆除后只能获得 50 平方米的安置面积。（3）原审法院应参照《最高人民法院关于审理涉及农村集体土地行政案件若干问题的规定》第十二条第二款有关"征收农村集体土地时未就被征收土地上的房屋及其他不动产进行安置补偿，补偿安置时房屋所在地已纳入城市规划区，土地权利人请求参照执行国有土地上房屋征收补偿标准的，人民法院一般应予支持"的规定。

再审最终判决：

（1）撤销浙江省高级人民法院作出的行政赔偿判决；

（2）撤销浙江省湖州市中级人民法院行政赔偿判决；

（3）责令浙江省湖州经济技术开发区管理委员会在本判决生效之日起九十日内对周某平依法予以全面赔偿。

3. 案情探讨

本案系集体土地上房屋强制拆除行为被确认违法而引发的行政赔偿争议，核心问题是如何看待原审法律适用范围的确定、判定的具体赔偿范围及数额的正确性与合法性。

（1）"直接损失"的理解。房屋被违法拆除后，一审法院仅判决被申请人赔偿再审申请人涉案房屋被强制拆除后的建筑物重置价值和附属物价值是否合理？判决确定的 499617.9 元赔偿金不能准确包括附属物价值，应当充分考虑相关法律、法规和政策规定，结合再审申请人分户及亲属安置情况、原房屋面积状况等特定事项，同时考虑房屋附属物、动产以及本次拆迁涉及的搬家费、过渡费、奖励金等具体给付事项，尽可能给予再审申请人必要、合理的照顾和安排。

二审法院将《国家赔偿法》规定的"直接损失"仅仅解释为房屋被拆除后的重置损失，是否正确？《国家赔偿法》第三十六条第八项规定："侵犯公民、法人和其他组织的财产权造成其他损害的，按照直接损失给予赔偿。"《国家赔偿法》上述"直接损失"的范围，除包括被拆建筑物重置成本损失外，还应当包括再审申请人应享有的农房拆迁安置补偿权益以及对动产造成的直接损失等。二审法院将《国家赔偿法》规定的"直接损失"仅仅解释为房屋被拆除后的重置损失,而将再审申请人周某平应当享有的农房拆迁安置补偿权益排除在外,存在确定行政赔偿范围的重大缺漏,属于适用法律错误,依法应予纠正。

(2)"重置价"的理解。被拆除房屋的重置价应不应该简单参照原有项目的补偿安置标准?"重置价"主要是指重新建造与原有房屋结构、式样、质量、功能基本相同的房屋所需的费用,通俗地理解,就是被拆房屋重新建设的建筑价值(成本价)。二审法院在再审申请人已不能在原址对被拆除房屋实现重置的情况下,仍主张参照相关规定,以重置价确定再审申请人房屋价值,有失偏颇。此外,赔偿标准具有不确定性:房屋被拆除的时间距离三审的审判时间实在是太久远了,以当时的标准来衡量补偿标准确实不妥。

(3)补偿安置标准和房屋价值的确定(是否可以按照附近国有土地上商品房的价格为标准?)。不可取。根据《最高人民法院关于审理涉及农村集体土地行政案件若干问题的规定》第十二条第(二)款有关"征收农村集体土地时未就被征收土地上的房屋及其他不动产进行安置补偿,补偿安置时房屋所在地已纳入城市规划区,土地权利人请求参照执行国有土地上房屋征收补偿标准的,人民法院一般应予以支持"的相关规定,其适用前提是农村集体土地已被征收,而本案中所涉地块现在仍然为集体所有用地(由于种种原因,该土地迄今一直未被征收和使用)。

(4)历史遗留原因导致的农房权属"瑕疵"影响涉案房屋的合法性吗?因湖州经开区管委会提出涉案房屋缺证且存在用地面积明超标(涉案房屋仅一处有建设用地使用权证且证载主体系周某才而非周某平),有违"一户一处宅基地"原则,法律不应保护;再审申请人则主张其是合法权利受让人,类似涉案房屋都未办理房产证,而两本土地证在被强拆的房屋内灭失,集体经济组织内部成员之间房屋流转合法有效等。再审法院判决:涉案房屋建造于1984年,结合我国以往农村房产交易总体状况以及相关规定,再审申请人对涉案房屋仍享有合法权益。所以,管委会的主张并不成立。

(5)对于房屋附属物及屋内动产的认定是否准确?如何看待本案房屋附属物的范围?强制拆迁过程中涉案房屋内是否有或是有哪些应予赔偿的动产?

原审法院判决确定的499617.9元赔偿金只能体现在房屋重置费上,它不能全面客观地反映涉案房屋应包含的整体价值和利益,因为其行政赔偿范围通常还包括房屋附属物以及屋内动产。本案中,原审法院虽根据众诚评估和《湖州房地产评估单》,确定了涉案建筑的附属物价值为4253元和2818元,但再审申请人屋内尚有20世纪80年代末的家具、床、写字台、桌子、空调、热水器、电话等物品应如何赔偿?且再审申请人同时认为一审判决中的"附属物"不包括空调、热水器、电话。经最高人民法院查阅一审案卷，上述两份《湖州房地产评估单》之"章家湾房屋附属物记录表"格式中虽有"分体式空调""太阳能热水器""电话"项，但分别评估的房屋附属价值 4253 元、2818 元并不包括上述三项内容（仅包含"标准晒场及水泥道路""灶头""化粪池"项）。

4. 小结

本案裁决充分考虑了问题的复杂性，既保护违法拆除给权利人房屋造成的损失，也保护被征收人依据《国有土地上房屋征收与补偿条例》和当地征收补偿政策应当得到也能够得到的补偿利益的损失。本案在具体赔偿标准与赔偿时点确定方面，体现了全面赔偿原则，较好地回答了房价普遍上涨的大背景下，如何保护被征收房屋的产权问题。最高人民法院充分考虑到，如果仅仅按照征收决定公告之日被征收房屋类似房地产的市场价格进行赔偿，那么因侵权赔偿所得到的赔偿金就无法实现对产权的全面保护。因此，判决要求按照赔偿时的市场价格予以赔偿，或者提供改建地段或就近地段类似房屋的方式予以赔偿。最高人民法院通过本案判决，进一步明确了地方政府实施违法强制搬迁行为在组织法和行为法上的主体责任，防止市县级政府在违法强拆后，又利用补偿程序来回避国家赔偿责任，回避人民法院行政诉讼对行政强制权的监督。通过案例分析，本节对违法征地行为利益冲突的缓解提供规制建议，即应当降低失地农民维权成本，构建合理有效的违法征地处罚机制。

5.3　理论分析

1. 公共品理论

无论是征地还是拆迁，一定程度上都能带来公共利益和全体社会总福利的提升，如征地，很多土地后来用于建设道路、医院、污水处理厂、学校、公园等；又如拆迁，那些环境恶劣的"城中村"严重缺乏公共品供给，通过拆迁，绝大部分人能提升福利，享受公园、医院、交通等公共服务。政府是供给公共品的主体，由政府来做这些，效率较高。但政府并不是唯一的主体，有时，一些拆迁改造可由社会参与来进行。但不可否认的是，极少数人有可能在征地拆迁中遭受损失，主要是以下几类人：长期在此经商以此为业的老人、占据极佳位置获得极高租金而拆迁补偿不足以弥补其损失的商铺业主、长期出租房屋并获得较高租金的住户等。

2. 垄断理论

土地开发具有规模经济，一般土地面积越大，开发利润越高，客观上要求土地连片整合使用，这给部分地块的权利人提供了垄断供给的机会，他们可以提出超高的垄断价格，获取超额利润，这是不合理的，在缺乏税收压力下，只能与其谈判解决。

3. 法律认定问题

对以下几个关键问题经常出现争议：底层商铺属性认定；违建补偿标准认定；表决程序等。例如，一些人把首层住房改为商业用途，导致实际用途和登记用途不同，于是被拆迁人要求按照实际用途补偿，这就导致双方意见不一致，此时需要一定的妥协。

4. 容积率理论

容积率是一个城市的资源，是可交换的资源，属于全体人民。政府对这个城市进行分区和规划，确定不同地块的发展权，等同于给予不同的用途和容积率。不同地区之间需要依据城市基础设施条件进行容积率分配，或者依据容积率分配进行基础设施建设。所以，容积率不是无限制的。另外，容积率是具有价值的，这也为寻租提供了机会。

发挥村委会等组织在"三旧"改造中的主体作用是当下的主流，必须在其中做出权衡，完全保护极少数人不合法的利益，必然导致集体行动的失败和经济上的成本转嫁。实际上，拖延和长久的谈判，最后都要全体村民买单，也要全体市民买单，因为政府为弥补成本，不得不以给出更高的容积率和降低社区品质为代价。

从经济视角看，村民是改造的受益者，城市也是受益者，这是一个帕累托改进，符合公共利益，但这个公共利益应该得到村民的广泛讨论和认可，可以通过宣传教育来达成共识，而不是强加政府的意志。

从法治视角看，征地拆迁都需要遵守程序正义和实质正义。一方面，法定程序不能违反，应给予公民充分的意见表达权和参与权，公权力不能任性。另一方面，补偿标准有不合理之处。为什么长期不提高补偿标准？主要原因还在于地方政府的政绩冲动：要提高补偿标准，就要增加开发成本，甚至使开发无法进行。

提高补偿标准是公民的最主要诉求。什么是合理的标准？目前来看，城市拆迁补偿的标准相对比较先进，采用的是市场价的标准，这个价格是完全可以通过市场调查和评估获得的。《国有土地上房屋征收与补偿条例》第十九条规定，"对被征收房屋价值的补偿，不得低于房屋征收决定公告之日被征收房屋类似房地产的市场价格"。对本法条的理解应该是，补偿标准是市场价值标准，这构成了底线，实际执行可以采用奖励的方式使补偿高于市场价格。从社会发展趋势来看，公民住房被拆迁，社会效益和经济效益得以实现，"蛋糕"做大了，公民试图参与分割，具有一定的合理性。

5.4　结　论

现代城市拆迁引发的诉讼案是呈增加趋势的，据对杭州 300 个案件的统计分析发现：（1）从征地拆迁案件判决时空观察，司法管辖的时空层级与原告胜诉率呈负相关。管辖体系内高层级法庭的对接—阻断之网更倾向于作出不利于原告的裁判。（2）从被诉主体观察，被诉机关的行政定位影响裁判结果。高职权关联部门与高层级部门的行为更符合对接—阻断之网的预期，并有更大概率作出原告败诉的裁判。（3）从诉讼案由观察，不同案由的原告胜诉率偏差明显。原告进行选择性起诉与外部施压的运作，使自身诉求贴近司法终局的判断。①

从经济学角度看，征地拆迁案例中，违法强拆的核心驱动因素为对于经济稀缺资源的争夺和分配。征地中存在多元主体利益博弈，涉及利益结构复杂，地方政府由于利益驱动而和农民群体的利益存在博弈和争夺关系，是产生征地冲突的主要经济原因。中央政府需要加强监督机制的构建，并适时对有关制度进行完善，推动制度变迁，才能对地方政府进行有效规制。

征地拆迁是重新定义土地及房屋权益的过程，征地制度和集体土地制度的"双轨"制，导致城市与农村房屋产权定义模糊、权能不完善。城市建设用地增值部分成为失地农民在征地补偿中争取更多的发展权益的争议焦点，相关法律的缺失和制度设计的不足，也为失地农民争取更高的补偿费用提供了博弈的筹码，造成征地行为频繁陷入两难境地。

从管理学角度看，地方政府实施违法强拆行为时往往对征地或社会经济发展的成本考虑较多、对效率的考虑较多，而暂时忽略征地的合法性、合理性，从而对和谐社会造成损害。因此，创新和完善拆迁管理机制，规范征地程序和征地补偿标准或是地方政府实现最大公共利益的最佳途径。

从法律视角看，对于失地农民和被拆迁者维权意识的保护仍存在较大改善空间，应当从法律途径上为失地农民普及法律知识，提升失地农民自身维权意识；也要健全有关

---

① 鲍海君、周文章：《征地拆迁领域司法裁判的对接与阻断机制：基于杭州市 300 份判决书的统计分析》，载于《中国土地科学》2016 年第 30 卷第 4 期，第 3~12 页。

纠纷处理机制，甚至是强制执行机制，不能任由少数"钉子户"漫天要价，影响公共利益的实现。

要消解城市拆迁的社会冲突，以下几个方面值得引起重视：一是立法。不仅要对国有土地上建、构筑物的拆迁补偿予以立法，还要对集体土地上建、构筑物的拆迁补偿予以立法。不仅应对房屋、不动产的所有权征收立法，还应对土地使用权的提前收回补偿予以立法。二是行政权和司法权、仲裁权的分离和制衡，不能既当运动员，又当裁判员。三是加强对拆迁前期工作的计划、规划和各项准备，按程序开展工作。不能急于求成，又要积极推进。四是加强对被拆迁人的司法救济，抑制各种非正常的上访和社会资源的浪费。

本章小结

本章介绍了中国典型的城市不动产拆迁案例，其中包括最高人民法院公布的具有指导价值的两批案例。不动产拆迁是中国目前常见的一种现象。不动产拆迁补偿法律较为科学合理，然而现实生活中仍然频发纠纷，这说明了不动产价值的昂贵性和公民对拆迁补偿的极端重视。不动产拆迁涉及土地产权、房屋产权、行政征收程序、征收主体、违法建筑拆除、房屋用途认定、补偿估价、规划变更、公共利益认定等诸多复杂的技术性问题，这不仅对法官提出了很高的要求，也对政府不断提高管理水平、减少社会纠纷提出了很高的要求。

关键术语

拆迁　　价值评估　　市场价值　　城市规划区　　地上附着物　　安置房屋
实物安置

复习与思考

1. 城市不动产拆迁补偿的标准是什么？
2. 集体土地上房屋拆迁补偿适用什么补偿标准？
3. 如何认定拆迁房屋的用途和面积？
4. 为什么拆迁补偿"水涨船高"，仍然发生补偿纠纷？
5. 推进城市更新和保护拆迁户利益如何做到"双赢"？

第6章

土地集体所有制与
集体经济组织成员权益纠纷

【教学目的和要求】 通过对南方几个发达地区的村集体经济组织与成员关于不动产引发的侵权纠纷的学习，了解当代中国农村土地制度的历史、现状和未来，思考未来为适应社会经济发展新阶段，如何变革有关社会经济制度。

6.1 概 述

我国的土地集体所有制起源于 20 世纪 50 年代并沿用至今。土地集体所有制下，土地为集体成员共有，是一种公有制，具有一定的历史背景和合理性。近年来的调查发现，农民对此制度并未给予否定。某种意义上，这种制度还具有优势，但对土地使用效率可能是不利的，因为土地过于零碎化，影响规模经济，也提高了农业经营成本，使得我国农产品缺乏价格竞争力。

土地集体所有的代表人是村民小组村和乡（镇）集体经济组织三级。它要求只有本组织成员才能获得承包权，具有成员权色彩，这导致一旦成员迁移出集体，那么他们关于土地的承包权、受益权和分红权等权利就会丧失，从而引起了许多社会纠纷和矛盾。土地集体所有制不利于人口的流动，不利于集体经济组织的管理和内部治理，也不利于社区的和谐稳定。

土地集体所有权人的模糊性给产权纠纷制造了空间，土地到底属于谁？谁有权分割土地利益？分割土地利益需要什么样的资格或条件？人们发现，越是经济发达地区，土地利益越是凸显，产权纠纷越是严重。典型的问题包括：外嫁女、上门女婿、娶媳妇、户口外迁、继承这几种情况下，原有土地权益如何处理？本章以广东省佛山市南海区频发的外嫁女土地权益纠纷为例对比加以说明。外嫁女问题凸显了国家承诺的村民自治与国家法律权威之间的不一致和矛盾，土地利益始终是该矛盾的焦点，包括承包地、宅基地、征地收入、还建房等权益方面的纠纷近年来愈演愈烈。

6.2 案例分析

由于部分案件完整资料难以获取，本章选取的资料来自公开的最高法院的中国裁判文书网中的判决书。①

6.2.1 广东省佛山市南海区某股份合作经济社侵害集体经济组织成员权益纠纷案

1. 基本案情

异议人（被执行人）：广东省佛山市南海区狮山镇招大村新平塘股份合作经济社，负责人吴某强。申请执行人：佛山市南海区狮山镇人民政府，法定代表人李某强。

南海区人民法院在执行申请执行人佛山市南海区狮山镇人民政府与被执行人佛山市南海区狮山镇招大村新平塘股份合作经济社行政非诉审查与执行一案的过程中，被执行人提出执行异议，南海区人民政府依法组成合议庭审查，现已审查终结。

异议人称，异议人对狮山镇政府强制执行出嫁女及其子女的分红提出异议：（1）农村历史以来，出嫁女嫁出后次年不再享受股份经济社的分红及利益。（2）按村内的股份章程，出嫁女从出嫁年起享受当年3倍分红后将不再是本经济社的股东，现出嫁女及其子女已违反了村规民约及股份章程。（3）出嫁女及其子女为何不用经村代表同意、确定就能购股？（4）本经济社股东已通过表决的方式否决出嫁女及其子女在本经济社的分红及一切福利。（5）政府一直倡导，以民为主、和谐社会，那为何还出现现在强制将本经济社的利益划分给他人的情况？为避免激发我经济社内部矛盾，造成日后不可挽回的后果，请政府有关部门慎重考虑本社股东村民的感受，妥善解决现时我村内发现的问题。

---

① 中国裁判文书网，http：//wenshu. court. gov. cn/website/wenshu/181029CR4M5A62CH/index. html。基本案情来自判决书整理。

（6）本经济社不同意法院强制执行，要求撤销该执行案件。

申请执行人称：（1）村规民约和股份章程不得违反法律法规的规定。《中华人民共和国妇女权益保障法》第三十二条、第三十三条明确规定，妇女在农村土地承包经营、集体经济组织收益分配、土地征收或者征用补偿费使用以及宅基地使用等方面，享有与男子平等的权利，任何组织和个人不得以妇女未婚、结婚、离婚、丧偶等为由，侵害妇女在农村集体经济组织中的双项权益。异议人的章程中关于出嫁女结婚后可享受当年及后两年股份分红、第三年需足额出资购买股份才能享受股份分红及其他福利待遇的规定违反法律的规定，应属无效。（2）村民自治不能与法律法规相违背。根据《广东省农村集体经济组织管理规定》的相关规定，农村集体经济组织依法享有自治权和表决权，但其表决的事项不能与法律法规相违背。按照《广东省实施〈中华人民共和国妇女权益保障法〉办法》第二十三条、第二十四条和《广东省农村集体经济组织管理规定》第十五条、第十六条规定，户口在农村集体经济组织并履行相关义务的出嫁女及其子女，依法属于农村集体经济组织成员、应享有成员同等待遇。异议人通过表决的方式否决出嫁女及其子女的集体经济组织成员资格及待遇违反法律法规的规定，应予纠正。综上所述，本府作出的上述行政处理决定认定事实清楚，证据充分，适用法律正确，符合法定程序，请依法驳回异议人的撤销执行申请。

异议人向南海区人民法院提交如下证据：（1）关于出嫁女没有股份分红的村民表决复印件 1 份，证明大部分村民反对给出嫁女及其子女股份分红。（2）狮山街道招大村新平塘村股份经济合作社章程复印件 1 份，证明异议人的股份章程没有跟法律有冲突。（3）照片打印件 1 份，证明异议人的股份章程要经过社区居委会、经联社审核，报管理处城乡统筹办备案后，再通过民主议事程序表决决定。所以村的章程是没有违法的。

南海区人民法院经审理查明，佛山市南海区狮山镇人民政府于 2013 年 3 月 28 日作出行政处理决定书，决定：责令被申请人佛山市南海区狮山镇招大村新平塘股份合作经济社给予申请人吴某某集体经济组织成员同等待遇，时间从 2012 年 1 月 1 日开始计算。上述决定书同时释明：如对本决定不服，可以自收到本决定之日起 60 日内向佛山市南海区人民政府申请行政复议，或自收到本决定之日起三个月内直接向佛山市南海区人民法院提起行政诉讼。

后佛山市南海区狮山镇人民政府向南海区人民法院申请强制执行该行政处理决定书。南海区人民法院经审查后作出行政执行裁定书，裁定：申请执行人狮山镇人民政府申请强制执行的行政处理决定，南海区人民法院准予强制执行；申请执行费由被执行人佛山市南海区狮山镇招大村新平塘股份合作经济社负担。

狮山镇人民政府据此向南海区人民法院申请强制执行，要求责令被执行人给予吴某某享有被执行人集体经济组织成员同等待遇，吴某某应享受的 2013 年度股份分红及相关款项合计 9887 元。南海区人民法院于 2014 年 4 月 14 日予以立案执行。在执行过程中，南海区人民法院向被执行人发出《执行通知书》要求其履行付款义务。异议人遂提出上述异议。

2. 判决结果

南海区人民法院认为，根据《最高人民法院关于执行〈中华人民共和国行政诉讼法〉若干问题的解释》第九十三条的规定："人民法院受理行政机关申请执行其具体行政行为的案件后，应当在 30 日内由行政审判庭组成合议庭对具体行政行为的合法性进行审查，并就是否准予强制执行作出裁定；需要采取强制执行措施的，由本院负责强制执行非诉行政行为的机构执行。"南海区人民法院已组成合议庭对狮山镇人民政府作出的具体行政行为的合法性进行了审查，并作出行政执行裁定书，且该裁定已发生法律效力，而南海区人民法院执行机构的职能是负责强制执行已裁定合法有效的行政处理决定书。

因此，异议人提出的撤销申请执行人佛山市南海区狮山镇人民政府与被执行人佛山市南海区狮山镇招大村新平塘股份合作经济社行政非诉审查与执行案件异议，实质上是对政府行政处理决定书提出的异议，不属于执行机构异议裁决审查的范围，即执行异议审查程序无权撤销生效的行政处理决定书。

人民法院的执行机构在执行依据未撤销的情况下，应按生效的执行依据依法执行，异议人亦应按生效的行政处理决定书履行付款义务。南海区人民法院向被执行人发出《执行通知书》，要求其履行付款义务的执行行为，未违反法律规定。

综上所述，异议人的异议请求，理据不足，依法应予以驳回。依照《中华人民共和国民事诉讼法》第一百五十四条第一款第（十一）项、第二百二十五条的规定裁定如下：驳回异议人佛山市南海区狮山镇招大村新平塘股份合作经济社的异议。如不服本裁定，可在裁定书送达之日起十日内，向南海区人民法院递交申请复议书，并按对方当事人的人数提出副本，向广东省佛山市中级人民法院申请复议。

从本案结果看，法院支持了外嫁女的诉求和镇政府的执行决定，村组织败诉。一定程度看，外嫁女持续的抗争和上访等行为对地方政府造成了很大压力，出于维稳的需要，地方政府对外嫁女开始逐渐加以支持。但村组织的村规民约的有效性和自治性受到挑战。给予外嫁女吴某某分红待遇，她的诉求满足了，但大部分村民是极为不满的，这是一个非常棘手的社会问题。

3. 理论分析

本案说明了集体股份制有关股份设置的条款存在不完善之处，即如何对人口流出流进进行股份重新分配。部分家庭流入人口并生儿育女，如果股份不增加，会导致不满；部分家庭人口因婚姻、参军等流出，如果取消股份，同样会导致不满。此类纠纷在经济发达地区屡见不鲜，一个重要原因是，这里的村集体经济发达，因土地征收补偿、物业出租等原因，每年都有数量不等的分红，少数年份人均可达数十万元。如此巨额的利益，人们很难放弃。

在另外一份非常类似的法院文书中，可发现村规民约与法律之间存在明显的冲突，也能发现村级集体经济组织所持的主要观点。主要内容如下。

南海区人民法院在执行申请执行人佛山市南海区狮山镇人民政府与被执行人佛山市南海区狮山镇招大村新平塘股份合作经济社行政非诉审查与执行案的过程中，被执行人提出执行异议，南海区人民法院依法组成合议庭审查，现已审查终结。

异议人（村组织）对狮山镇政府强制执行出嫁女及其子女的分红提出异议，不同意法院强制执行，要求撤销该执行案件。并认为：

（1）村规民约、自治章程得到法律的保护，有法律约束力，应得到政府的尊重和村民的遵守。①我国宪法、村民委员会组织法明确规定了村民享有自治的权利，赋予了村民会议可以制定和修改村民自治章程、村规民约的权利，自治章程和村规民约制定后应得到村民的遵守。②章程在2004年制定，该章程是经过乡、镇政府备案的，政府的行为应当具有公信力。本社章程若是违反了法律规定的，应由乡、民族乡、镇的人民政府责令改正。那么，当年政府应当不通过本社章程的备案，继而向本社及本村说明，要求我们修改、责令我们改正。为何当年章程报政府备案了，当时政府并没有对章程提出质疑并责令我们改正，时至如今才认为我们章程中的条款不合法？更令村民不解和不服的是：全南海区各个镇的村都有各自的村规条约或合作社的股份章程。2008年开始，南海区狮山镇政府认定了我社有关外嫁女的分红规定条文不合法，不符合国家宪法的规定。然而到2014年5月，政府社会管理处又发来通知，要求各村、各合作社不得擅自修改经济社股份章程。如此一来，认定我社章程有条文与法律相冲突，但又不许我社通过村民大会修改章程，政府如此行为不是自相矛盾吗？

（2）本社章程并没有与法律法规相违背，是有保留本村外嫁女及其子女在经济社购股分红的权益的。本社在制定章程的时候，就考虑到外嫁女的特殊问题，为保障其权益，还制定了相关条约。在章程第四章第十四条第一款规定有：①在股份社成立前，凡户口在本村的外嫁女，在2004年8月31日前，可按100%的股价购买足额股份，次年可享受分红。②在股份社成立后，凡户口留在本村的外嫁女，仍可享受结婚当年及后两年的股份分红和其他福利待遇，第四年，其户口因各种原因仍留在本村的，需在第三年12月16日至31日内按100%的股价购买足额股份，次年起可继续享受分红和其他福利待遇。章程的规定已经对外嫁女的权益有所保护，需要她们履行相关义务，依照规定出资购买股权以享受分红。

（3）外嫁女未有依照章程出资购股，视其放弃购股分红的权利。外嫁女出资购股就能继续得到分红，但是她们从没有依照章程要求、购股程序要求，在规定时间内出资购股。若没有出资购股就能继续得到分红，这明显对其他出资购股才能得到分红的村民是极其不公平的。

（4）①农村历史以来，出嫁女嫁出后次年不再享受股份经济社的分红及利益。②按村内的股份章程，出嫁女从出嫁年起享受当年3倍分红后将不再是本经济社的股东，现出嫁女及其子女已违反了村规民约及股份章程。③出嫁女及其子女为何不用经村代表同意、确定就能购股？④本经济社股东已通过表决的方式否决出嫁女及其子女在本经济社的分红及一切福利。⑤政府一直倡导，以民为主、和谐社会，那为何还出现现在强制将本经济社的利益划分给他人的情况？为避免激发我经济社内部矛盾，造成日后不可挽回的后果，请政府有关部门慎重考虑本社股东村民的感受，妥善解决现时我村内发现的问题。

申请执行人（政府）称：（1）村民自治不能与法律法规相违背。政府并无否认村民自治，但村民自治不得违反法律法规的规定。（2）村规民约和股份章程不得违反法律法规的规定。《中华人民共和国妇女权益保障法》第三十二条、第三十三条明确规定，妇女在农村土地承包经营、集体经济组织收益分配、土地征收或者征用补偿费使用以及宅基地使用等方面，享有与男子平等的权利，任何组织和个人不得以妇女未婚、结婚、离婚、丧偶等为由，侵害妇女在农村集体经济组织中的双项权益。异议人的章程中关于出嫁女结婚后可享受当年及后两年股份分红、第三年需足额出资购买股份才能享受股份分红及其他福利待遇的规定，仅仅针对外嫁女，并没有适用所有村民，这违反了《中华人民共和国妇女权益保障法》第三十二条、第三十三条规定，应属无效。异议人的章程并不是完全无效，只是违反法律法规的部分属于无效。另外，章程在乡政府备案，不代表政府审查了其合法性，不代表政府承认章程是合法的。

佛山市南海区狮山镇人民政府要求强制执行被执行人给予吴某某等6人被执行人集体经济组织成员同等待遇，上述人员应享受2014年度征地分配款1078000元。南海区法院于2014年6月19日予以立案执行。异议人遂提出上述异议。

南海区人民法院最后认为，异议人的异议请求理据不足，依法应予以驳回。

6.2.2　邓某婷诉某股份合作经济社侵害集体经济组织成员权益纠纷案

1. 基本案情

本案经过了一审，原告败诉并上诉到佛山市中级人民法院（以下简称"佛中院"）。邓某婷因与被上诉人佛山市南海区狮山镇招大村新平塘股份合作经济社（以下简称"经济社"）侵害集体经济组织成员权益纠纷一案，不服广东省佛山市南海区人民法院一审民事判决，向佛中院提起上诉。该案经佛中院依法组成合议庭进行审理，现已审理终结。

邓某婷向一审法院起诉请求：（1）新平塘经济社向邓某婷支付土地补偿款 107.8 万元及利息（以 107.8 万元为本金，按照中国人民银行规定的商业银行同期贷款利率 6.31%，从起诉之日起计算至实际支付土地补偿费之日止）；（2）案件诉讼费用由新平塘经济社承担。

一审法院认定事实：邓某婷于 1991 年 7 月 15 日出生于佛山市南海区狮山镇××村××村民小组，出生后户口一直在原村。2014 年 1 月 28 日，邓某婷与新平塘经济社的成员吴某结婚，并于同日将户口迁入佛山市南海区狮山镇招大新平塘村民小组。2014 年 12 月 31 日，新平塘经济社、佛山市南海区狮山镇招大经济联合社、佛山市南海区狮山镇招大社区居民委员会批准邓某婷出资 9042 元购买股权，出资购股申请表显示邓某婷申请购股条件为结婚迁入，随夫入户购股。2015 年 1 月 1 日，新平塘经济社向邓某婷核发股权证，邓某婷持有总股数为 10 股。

2014 年 2 月 28 日，佛山市南海区罗村街道拆迁办公室作为甲方、南海区狮山镇招大社区居民委员会作为乙方、新平塘经济社作为丙方分别签订了《"贵广铁路（南广线）"征地协议书》《"佛山西站片区"征地协议书》，上述协议书对于征地面积及地类、补偿金额、土地交付、补偿款支付丙方的期限等进行了约定。同日，上述三方再签订了《返还留用地征收（收回）补偿协议》。

2014 年 3 月 19 日，新平塘经济社就"招大新平塘股份合作经济社的男股东因结婚迁入的配偶及其婚生的子女在符合本经济社股份章程规定的购股资格条件的，在签订《征地协议书》之日前（包括当日）入户的，可享受当年当次每人征地款分配的 50%，但不能享受当年的年度收益分红及福利，其征地款需在当年年底出资购股后才能收取"事项召开 18 岁以上股东村民会议进行表决，表决结果是 121 人反对、58 人同意。

2014 年 4 月 4 日，佛山市南海区狮山镇招大经济联合社、佛山市南海区狮山镇招大社区居民委员会审批同意新平塘经济社分配征地款，每人 107.8 万元。2014 年 4 月 4 日，新平塘经济社将该款分配给其集体经济组织成员股东，但没有分配给邓某婷。

邓某婷等人因征地补偿款的分配问题于 2014 年 5 月 5 日向佛山市南海区狮山镇人民政府提出信访。佛山市南海区狮山镇人民政府于 2014 年 7 月 4 日作出《信访事项答复意见书》，就邓某婷等人提出"我们是招大新平塘村民，为何西站征地款分配不在分配列内，认为不公平，应该将我们列入分配行列中，要求合理解决"信访事项，答复如下："佛山西站建设需征用招大新平塘村小组的土地，委托罗村街道拆迁办与村小组于 2014 年 3 月 4 日签订了《征地协议书》，4 月份清明节前村小组对征地款进行分配。经了解，你们均在今年迁入或入户新平塘村小组，为村小组农业户口。根据《狮山镇招大新平塘村股份经济合作社章程》第二章第八条第五点的规定'股权每年调整一次，调整时间为每年的 12 月 15 日，购股期限为 12 月 16 日至 12 月 31 日，合条件的购股者必须一次性足额出资购买股权才可享受本村的股份分红及福利待遇。过期不购者作自动放弃处理'，你们在未出资购股成为经济社的股东前，属于新平塘股份合作经济社的非持股成员。在分配征地款前，新平塘村小组组委成员考虑到部分村民的利益，曾于 3 月 19 日召开了18 岁以上股东村民会议，会议对'招大新平塘股份合作经济社的男性股东因结婚迁入的配偶及其婚生的子女在符合本经济社股份章程规定的购股资格条件的，在签订《征地协议书》之日前（包括当日）入户的，可享受当年当次每人征地款分配的 50%，但不能享受当年的年度收益分红及福利，其征地款在当年年底出资购股后才能收取'进行表决，结果参会的大部分村民不同意上述表决内容。在调处过程中，新平塘村小组表示，自实行股份章程以来，该村一贯的做法是：未出资购股成为股东之前的村民，均不能享受村中分红及其他一切福利待遇，包括征地款。鉴于此，建议你们可通过法律途径争取你们合法的权益。"

邓某婷等人不服上述答复，向佛山市南海区人民政府申请复查，佛山市南海区人民政府于 2014 年 10 月 20 日作出《信访事项复查意见书》，认为："你们在 2013 年 12 月 15 日后迁入或入户招大社区新平塘，因新平塘经济社章程第二章第五款规定'股权每年调整一次，调整时间为每年的 12 月 15 日，购股期限为 12 月 16 日至 12 月 31 日，合条件有购股者必须一次性足额出资购买股权才可享受本村的股份分红和福利待遇'，你们虽符合购股资格，但在签订上述《征地协议书》时未能购得股权，目前未能参与此次征地款的分配。若你们认为合法权益受侵害，建议通过法律途径解决。"

邓某婷等人不服南海区人民政府的上述答复，向佛山市人民政府申请复核，佛山市人民政府信访事项复查复核办公室于 2015 年 4 月 13 日作出《信访事项复核意见书》，认为："按照《南海区农村集体经济组织成员资格界定办法》规定，邓某婷等信访人具有新平塘村经济社集体经济组织的成员资格。你们虽在签订《征地协议书》时未能购得股权，但因农村集体经济组织的土地补偿费分配不属于集体经济组织的经营收益分配，若你们认为合法权益受到侵害，建议通过法律途径解决。"

另查明，原新平塘经济合作社于 2004 年 5 月 15 日经村民代表大会表决通过的《狮山街道招大村新平塘村股份经济合作社章程》（以下简称《章程》）第七条配股购股条件的第二项规定："从 2004 年 4 月 1 日起，取消自然配股，符合下列条件之一者，必须通过出资购买才可拥有相应档次的股份：（1）父母双方都是本社户口的新生儿或合法收养的子女。（2）父母是非农业户口，父亲是本社户口的婚生子女（随父入户者）者。（3）因结婚而迁入本社的农业户口者。（4）纯二女户的一名户口入赘（违反计划生育的纯女户不得入赘）。"该条第（三）项规定："出资购股额标准为：上述人员采取优惠购买办法，以现金购股方式购买。购买办法按当时股值（每股净资产值）的 10% 购买。购买的股权数，必须全部购买，或完全不买。购股时必户口迁入一年内一次性足额出资购买股权，当年购买次年享受股份分红。"《章程》第八条第（五）项规定："股权每年调整一次，调整时间为每年的 12 月 15 日，购股期限为 12 月 16 日至 12 月 31 日，合条件的购股者必须一次性足额出资购买股权才可享受本村的股份分红及福利待遇。过期不购者作自动放弃处理。"

一审法院认为，邓某婷于 2014 年 12 月 31 日经新平塘经济社及相关部门批准购买新平塘经济社的股权，新平塘经济社于 2015 年 1 月 1 日向邓某婷核发了股权证，成为新平塘经济社的股东。涉案的征地协议于 2014 年 2 月 28 日签订，相关的征地补偿款新平塘经济社于 2014 年 4 月 4 日分配予其股东，签订征地协议时邓某婷并非新平塘经济社的股东。根据《章程》第七条第（三）项关于"……当年购买次年享受股份分红"及第八条第（五）项关于"股权每年调整一次，调整时间为每年的 12 月 15 日，购股期限为 12 月 16 日至 12 月 31 日，合条件的购股者必须一次性足额出资购买股权才可享受本村的股份分红及福利待遇"的规定，邓某婷不符合新平塘经济社《章程》规定的分配条件。2014 年 3 月 19 日，新平塘经济社曾召开其 18 岁以上股东成员会议，对"招大新平塘股份合作经济社的男股东因结婚迁入的配偶及其婚生的子女在符合本经济社股份章程规定的购股资格条件的，在签订《征地协议书》之日前（包括当日）入户的，可享受当年当次每人征地款分配的 50%，但不能享受当年的年度收益分红及福利，其征地款需在当年年底出资购股后才能收取"事项进行表决，结果没有通过。根据上述的表决结果，邓某婷亦不能取得其诉请的征地补偿款。至于邓某婷称征地补偿款有别于集体经济组织经营性收益的问题，根据《章程》的规定，折股的财产包含土地、鱼塘、经营性和非经营性的收益，即新平塘经济社的股东所持股份股值已包括新平塘经济社所属土地资源价值的折算。而且从《征地款分配审批表》可知，新平塘经济社根据《章程》关于股红分配中集体收益处理顺序的相关规定提留了公积金、公益金及福利费等，即征地补偿款属于新平塘经济社的集体收益，属于股红的一部分。故法院对邓某婷的上述意见不予采纳。

为此，一审法院依照《中华人民共和国民事诉讼法》第六十四条的规定，判决如下：驳回邓某婷的诉讼请求。一审案件受理费 14502 元（邓某婷已预交），由邓某婷负担。

上诉人邓某婷上诉请求：（1）撤销一审判决并依法改判；（2）本案一、二审诉讼费由新平塘经济社负担。事实与理由：（1）《最高人民法院关于审理涉及农村土地承包纠纷案件适用法律问题的解释》第二十四条规定，征地补偿安置方案确定时已经具有本集体经济组织成员资格的人，请求支付相应份额的，应予支持。确定是否有权利分配土地补偿款的关键时间点是征地补偿安置方案确定时。一审判决以签订征地补偿协议时邓某婷并非新平塘经济社股东为由，驳回邓某婷的全部诉讼请求，明显适用法律错误。《征用土地公告办法》第十条规定，有关市、县人民政府土地行政主管部门应当研究被征地农村集体经济组织、农村村民或者其他权利人对征地补偿、安置方案的不同意见。对当事人要求听证的，应当举行听证会。确需修改征地补偿、安置方案的，应当依照有关法律、法规和批准的征收土地方案进行修改。有关市、县人民政府土地行政主管部门将征地补偿、安置方案报市、县人民政府审批时，应当附被征地农村集体经济组织、农村村民或者其他权利人的意见及采纳情况，举行听证会的，还应当附听证笔录。《征用土地公告办法》第十一条规定，征地补偿、安置方案经批准后，由有关市、县人民政府土地行政主管部门组织实施。涉案的征地补偿安置方案何时由市、县人民政府批复，一审判决只字未提，因此一审判决遗漏审理本案必须查明的事实，二审法院应依法纠正。（2）邓某婷依法具有分配征地补偿款的资格。集体土地所有权是《中华人民共和国宪法》和《中华人民共和国物权法》规定的公民财产权利。《中华人民共和国物权法》第五十九条规定，农民集体所有的不动产和动产，属于本集体成员集体所有；第六十条规定，对于集体所有的土地和森林、山岭、草原、荒地、滩涂等，依照下列规定行使所有权：属于村农民集体所有的，由村集体经济组织或者村民委员会代表集体行使所有权；第六十三条规定，集体所有的财产受法律保护，禁止任何单位和个人侵占、哄抢、私分、破坏。集体经济组织、村民委员会或者其负责人作出的决定侵害集体成员合法权益的，受侵害的集体成员可以请求人民法院予以撤销。据此，集体土地所有权由集体组织体现为全体成员的共有权。《广东省农村集体经济组织管理规定》第十五条规定，集体经济组织成员所生的子女，户口在集体经济组织所在地，并履行法律法规和组织章程规定义务的，属于农村集体经济组织的成员。也就是说，邓某婷在出资购股后，依法成为该村集体成员，依法享有集体土地所有权的相应份额。邓某婷于 2014 年 1 月 28 日与新平塘经济社的成员结婚，并户口迁入新平塘村民小组。邓某婷根据《章程》出资购买足额股份，成为集体经济组织成员，享有全部的足额的股东份额。新平塘经济社若严格依照《章程》第十五条的规定，本社的收入/支出和股红分配方案经会计审核后在次年的 1 月 15 日前向村民公布，邓某婷于 2015 年 1 月 1 日获得颁发股权证，依照程序也应分得涉案的土地补偿款。但是，新平塘经济社严重违反《章程》的规定，把征地补偿款的绝大部分于 2014 年 4 月 4 日擅自分配，却又选择性地依照《章程》的规定，以邓某婷没有出资购股为由，拒绝分配涉案的征地补偿款。新平塘经济社选择性利用《章程》的行为，已经严重侵犯了邓某婷的切身利益，令邓某婷失去获得征地补偿的权利，请求二审法院予以纠正。

被上诉人新平塘经济社辩称：邓某婷要求新平塘经济社分配土地补偿费没有依据。（1）邓某婷于 2014 年 1 月因结婚随夫入户至新平塘经济社，2014 年 12 月底出资购股，2015 年 1 月取得新平塘经济社股权证。而新平塘经济社的《章程》明确规定从 2004 年 4 月 1 日起因结婚而迁入本社的农业户口者必须在《章程》规定时间内出资购股后方具备集体经济组织成员资格，享有相应的成员待遇，即邓某婷于 2015 年 1 月方取得新平塘经济社的集体经济组织成员资格，可享受成员同等待遇，但本案所涉征地补偿协议的签订时间为 2014 年 2 月 28 日，早于邓某婷取得新平塘经济社集体经济组织成员资格的时间，根据《最高人民法院关于审理涉及农村土地承包纠纷案件适用法律问题的解释》"征地补偿安置方案确定时已经具有本集体经济组织成员资格的人，请求支付相应份额的，应予支持"的规定，邓某婷请求新平塘经济社向其分配土地补偿费缺乏依据。（2）至于邓某婷提及的应按征地补偿安置方案确定的时间确定可分配的名单，事实上，按照征地的相关程序规定，必然是征地补偿安置方案确定后方签订征地补偿协议，而本案的征地补偿款在 2014 年 4 月 4 日按照《章程》规定提留后分配予成员，意味着各成员对征地补偿安置方案和征地补偿协议不持异议。如前所述，邓某婷取得新平塘经济社成员资格的时间后于征地协议签订时间和征地款分配时间，故无论从哪个时间计算，邓某婷都无权要求分配征地补偿款。

2. 审判结果

经审查，一审判决认定的事实正确，佛中院予以确认，并认为：本案为侵害集体经济组织成员权益纠纷。根据《最高人民法院关于适用〈中华人民共和国民事诉讼法〉的解释》第三百二十三条"第二审人民法院应当围绕当事人的上诉请求进行审理。当事人没有提出请求的，不予审理，但一审判决违反法律禁止性规定，或者损害国家利益、社会公共利益、他人合法权益的除外"的规定，本院对本案的审理围绕邓某婷的上诉请求进行。本案的争议焦点是邓某婷能否获得分配新平塘经济社征地补偿款的问题。本案中，邓某婷于 2014 年 12 月 31 日经新平塘经济社、佛山市南海区狮山镇招大经济联合社、佛山市南海区狮山镇招大社区居民委员会批准购买新平塘经济社的股权，新平塘经济社于 2015 年 1 月 1 日向邓某婷核发了股权证，邓某婷成为新平塘经济社的股东。而涉案的征地协议是佛山市南海区罗村街道拆迁办公室、南海区狮山镇招大社区居民委员会、新平塘经济社于 2014 年 2 月 28 日签订，上述协议书对于征地面积及地类、补偿金额、土地交付、补偿款支付期限等进行了约定。根据新平塘经济社《章程》第二条关于"股份经济合作社……其财产属股份经济社全体股东共同所有"及第九条关于"财产折股：将属原合作社的总资产（包括土地、鱼塘、经营性和非经营性），扣除负债后，按资产净值计算"的规定，涉案征地补偿款属于新平塘经济社股份分红的一部分，而签订征地协议时邓某婷并非新平塘经济社的股东。因此，根据新平塘经济社《章程》第七条第（三）项关于"……当年购买次年享受股份分红"及第八条第（五）项关于"股权每年调整一次，调整时间为每年的 12 月 15 日，购股期限为 12 月 16 日至 12 月 31 日，合条件的购股者必须一次性足额出资购买股权才可享受本村的股份分红及福利待遇"的规定，邓某婷在涉案征地补偿款分配当时并不符合新平塘经济社《章程》规定的股份分红分配条件。至于邓某婷上诉提出新平塘经济社违反《章程》规定，擅自提前分配征地补偿款的问题，经审查，新平塘经济社《章程》第十五条第（一）款规定"本社当年的收入、支出和股红分配方案经会计站核实后在次年一月十五日前向村民公布……"以及第（二）款规定"本社的股红分配必须制定方案，经村委会审批后方可发放……"，根据已查明的事实，涉案征地补偿款于 2014 年 4 月 4 日经佛山市南海区狮山镇招大经济联合社、佛山市南海区狮山镇招大社区居民委员会审批同意新平塘经济社予以分配。故新平塘经济社于 2014 年 4 月 4 日将征地补偿款分配给其集体经济组织成员股东依据充分，邓某婷的上诉主张理由不成立，本院不予支持。一审判决不予支持邓某婷关于征地补偿款的诉请，处理正确，佛中院予以维持。

6.3　理论分析[①]

有学者认为，"外嫁女"争议挑战了以二元对立视角观察国家/社会关系的理论分析。市场化背景下的村民自治，在部分地区强化了村庄内部的不平等；而国家的介入又引发了乡规民约和国家法律的冲突。在多重力量竞相定义村庄规则的过程中，"外嫁女"争议凸显了社区自治的限制和挑战。当然，在这个冲突中，各方聚焦的目标是土地租金及其分配。这种利益和权利限制了公民的迁徙。试想一下，在 20 世纪 80 年代没有土地租金的时候，离开农村是多数人毫不犹豫的选择。而 90 年代以来，现代公民在保留成员权和自由流动下的婚姻自由权、迁徙权等之间纠结不已，似乎成了一个"鱼与熊掌不可兼得"的游戏。这彰显了社会经济结构转型下，法律、习俗和社会发展不协调的紧张状态，这种紧张状态需要逐步加以释放。

我国特殊的集体土地制度和农村社会制度是冲突发生的大背景。

6.3.1　我国农村集体财产体制的历史：地权和成员权

1. 界定地权和成员权

温铁军（2008）等认为，以村社为产权边界的集体共有制是村社内部组织成员权的集合。周其仁和刘守英（1992）认为，土地集体所有制赋予社区内部每个合法成员平等地拥有社区土地的权利，隐含着成员权是集体产权的基础。折晓叶（1996）曾分析过村庄边界的多元化，包括村界（土地）、行政边界（村组织）、人口边界（户籍）和经济边界（集体）。在人民公社时代，经济组织和社区组织合二为一，加以户籍制度的强化，所以生产队成员的身份与土地关系少有疑义。但包产到户后，土地使用权被分配到户，拥有土地所有权的"农民集体"则随着公社的消亡而变得面目模糊。于建嵘（2007）认为，在宪法、民法、土地管理法、农业法内有关农村集体所有权的规定，呈现了法定权利主体的多级性和不确定性。虽然国家土地登记制度完善后，逐步清楚地界定了乡（镇）、村和村小组集体经济组织是所有权的代表，但很多村没有经济组织而只有村委会这个政务性组织，很多村小组连任何组织都没有，这是一个客观的现实，这让所有权很

---

① 本部分内容主要参考柏兰芝：《集体的重构：珠江三角洲地区农村产权制度的演变——以"外嫁女"争议为例》，载于《开放时代》2013 年第 3 期，第 109 ~ 130 页。

难进一步落到实处。刘守英（1993）发现，所谓的农村集体产权是残缺的。

土地产权及其规则存在不确定性，这在中国是客观现实。例如，针对制度经济学者提出的产权残缺状况，社会及政治学者则发现在中国非正式的私有化过程中产权如何镶嵌在社会关系中，在不同的政治、社会过程中被反复界定。张静（2003）描绘了土地使用规则的不确定：在乡村实践中，至少存在四种影响土地规则变动的要素，包括国家政策、村干部决策、集体意愿和当事人约定。四种力量在竞争中决定哪一种规则胜出。对外，村庄与村庄、村庄与上级乡镇、自然村和行政村（大队）的产权边界都是协商斗争的结果。对内，界定成员身份等同于界定土地所有关系。尤其是在实行包产到户后，"分田人头"成为界定成员权和产权的基本准则。由于村社集体组织对土地的支配有着长久的历史传统，集体可能基于整体利益，限制个人的财产扩张。这种"人人有份"的分配正义，构成中国农村道义经济的基础。

由于"成员权"的存在，每一个合法进入社区的成员都有权利得到一份土地，而当成员离开社区时，应该退回土地，转由其他人使用。其结果是，土地按照人口的变化而不断调整，土地权利安排具有不稳定性。经济学者一般认为地权的不稳定性会损害土地的使用效率，影响中长期的投资。但也有不少实证研究表明，土地成员权制度持续成为村庄内部土地再调整的重要因素。农村重视分配公平甚于生产效益，因为农村追求的是社区而非个人利益的极大化。换言之，即便"集体产权"面目模糊、没有效率，农村集体和公共福利的意义仍然显著。而如申静和王汉生（2005）所言，产权实际上是"对行动者之间关系的界定"。产权关系就是社会关系。

2. 城市化过程中成员权的变动

在城市化和工业化的冲击下，社政不再合一，成员权有了新的意义：经济组织的成员权联系着产权；社区成员权包含获得社区公共福利以及参与社区公共事务的权利；在村民自治的脉络下，也代表投票权。当然，这里面最受关注的还是其经济含义。张佩国（2006）指出，村社成员权这个概念本身带有浓厚的利益分配意义。现实里，例如，在珠三角地区的开放经济中，村庄并未消亡，其内在聚合力和自主性反而加强，成为新的经济和社会中心。聚合和排外是一体的两面，都必须以重新界定成员权为基础，因为成员身份和户籍、土地的依存关系已经改变。

（1）户籍和村籍不对应。随着人口的频繁移动和户口制度的松动，村庄的户籍人口开始有机械增长。在城市化程度高的地方，一个村的户籍人口甚至包括在境内新房地产项目的住户。因此，村籍更加重要，排他性日益显著，用以防止村庄利益外流。在村籍制度下形成多种身份，对应不同的责任义务和福利。由此，村籍，而非户籍，是成员权的基础。

（2）成员权和地权不对应。为了解决重分配过于频繁的问题，2003 年起实施的《中华人民共和国土地承包法》明确提出"三十年不变"，不能随意重新发包土地。然而，强调稳定性，也就意味着在家庭人口变动过程中一部分人的分地权利会被牺牲。换言之，一部分公平会丧失。例如，一个家庭生了三个女儿，如果她们成年后外嫁，那么这个家庭人均拥有的土地面积是很大的；反之，有三个儿子且都没有迁徙，那么随着分家和娶妻生子，土地的窘迫是显而易见的。这实质上撼动了人人有份的"成员权"：成员权不再与地权相对应。

（3）地权变股权。土地非农化造成人地分离，原来的农民实际演变为居民，很多人外出经商或务工谋取生路，部分人留守做"包租公""包租婆"。这造成人户分离；同时，卖地和大量农村集体土地出租办厂，获得大量集体收入需要分配。此时，例如，珠三角地区的农村纷纷开展了股份制改造，如"股权固化"，试图把原来模糊的集体资产量化并且赋予每个成员清楚的产权。村民变成股民后，可以享受集体资产的分红。不管村民在哪里工作，只要具有村籍和股权，都会获得分红。而一些因早年招工、外嫁等原因失去村籍、户籍的人痛失分红权，虽然部分人甚至还住在村内。在这些地区，土地的使用权一般是掌握在集体手中，经营权可能会发包给个人。

户籍、村籍和地权以及三者的脱钩，是诱致股份制改造的重要原因，可以股权形式终结成员权的争议。股份制改造涉及重新建立一个股份合作组织，重新订立组织章程，界定股东权利义务，并且把原先不成文的由村干部管理的集体资产交给新选举的董事会和监事会管理和监督。之前，以成员身份为基础的产权可视为一种社会契约，而非市场契约。股份制改造则是将此契约正式化。股份制已经得到行政机构的广泛支持。也就是在这个过程中，所有不成文的对不同村民身份和权利的歧视面临着必须"成文化"的挑战。此时，常见的现象就是在股份化过程中，利用习俗将社区的弱势者排斥在外，尤其是"外嫁女"。

成员权的重新界定一般表现为股东资格的确认。折股到人的具体做法一般是规定一个期限，在此期间，凡农业户口在本村、劳动服务在本村、对本村的经济社会承担责任和义务的村民，即拥有股东资格，是为"人头股"。"人头股"加上以劳龄计算的"劳龄股"，即为该股东的持股份额。20 世纪 80 年代末股份制行使之初，个人分配的股份随着人口变动每两三年调整一次，动态地维持公平。但 90 年代以后，为了让股份由虚转实，股份制改造转向"固化股权""生不增死不减"的方向进行。一些合作社试行以家庭为单位的股份固化。由于股份固化后再无更改，确认股民资格遂成为激烈的博弈。在此过程中，为了不把集体资产"分薄"了，集体总有窄化股民资格的倾向，但被排除的群体也不甘示弱。例如，在最早实行股份制的广州天河，关于户口已经"农转非"的村民到底有没有股民资格，在各村缠斗经年。于是在 2000 年创造了"社会股东"这个范畴，以有别于"社区股东"。社会股东可以配股，但没有选举和被选举权，也就是没有参与管理集体资产的权利。事实上，股份制推行至今二十多年，股权稳定与股权均分之间的矛盾从未得到彻底解决，不同时期总有各式各样不同的争议爆发。以此看来，股份制并没有彻底解决地权和成员权的问题。

3. 农村妇女的土地权利

由于妇女出嫁后从夫居住的传统，妇女在村籍、地权、股权三方面都处在不稳定的位置。南方农村宗族组织强，长幼有序的父子关系和男尊女卑的性别关系构成家族主义的核心。李培林（2004）观察到，在广州的城中村，村里喜庆连分猪肉都不分给女性，只有女儿的家庭也受到歧视。折晓叶（1996）记录的村籍变动规定首条就是"出嫁者三年内保留村籍，三年后取消。嫁入或入赘者三年后才正式拥有村籍"。这的确是农村普遍的惯例，也就是说，妇女的村籍随着其婚姻状态变动，有些村甚至规定出嫁后一定期间内（三个月、半年或一年）必须迁出户口，形同侵害妇女的迁徙自由。假如，在此变动的过程中因为各种原因妇女在娘家、婆家两头不着边，失去村籍/户口，则其子女的入户、上学和福利都会受到影响。与此直接相关的是分地。土地权利在法律上是男女平等的，但预期到妇女终究是要"嫁出去"的，村集体为了节省调地的成本，对妇女不分地或是少分地；离婚妇女更是常常受到歧视。理论上，夫家的村子会分地给嫁入门的媳妇，但假如土地分配长期不变，意味着新嫁入的媳妇不一定能分配到土地。尤其当农村土地转为非农用途、土地权利被转化为征地补偿款或股份时，外嫁女的成员身份以及其是否是集体财产的权利主体就更成为争议的焦点。

所谓外嫁女，主要指与村外人结婚但户口仍留在本村的妇女。由于户籍仍是决定成员权最重要的基准，所以户口一旦迁出，很难有发言权。在维权过程中，离婚、丧偶、未婚、非婚生子、丈夫到女家落户的农村妇女以及她们的子女也一起并入了外嫁女这个群体。外嫁女争议最激烈的地区集中在城市急速扩张过程中的城郊接合部，如广州市的白云区、花都区、番禺区；佛山市的南海区，东莞的石碣镇、樟木头镇等。农村外嫁女权益受侵害的情况，根据广州中级人民法院的整理，可以分为以下五类（孙海龙等，2004）。第一，土地承包权。部分地区在第二轮土地承包中剥夺外嫁女的承包权，而此承包权直接影响着股份制改造后的持股权利。第二，征地补偿款分配权。很多地区规定外嫁女不得参与分配，或分配比其他村民少。第三，宅基地分配权。在城郊接合部宅基地是重要的福利，除了自住外，租金收益是村民的主要经济收入。然而，外嫁女在宅基地分配上常受歧视。例如，因新白云机场建设而外迁的花都区花东镇凤凰村规定，外嫁女不能分配宅基地，只能购买村里的集资公寓。第四，村集体福利。许多地区限制外嫁女在农村集体合作医疗、养老保险、子女入托、入学方面的权利。例如，番禺区南村镇南村村规定，妇女出嫁半年后，取消一切村民福利。这种歧视在广东具有普遍性。第五，股份分红权。在农村股份制改造的浪潮中，以上各项参与集体资产分配的权利陆续被重新量化，转为股份分给个人。也就是在这个清产核资、重新确定股民资格的过程中，外嫁女的成员权资格引起新的争议。

从产权分析出发，常会认为"固化产权"对妇女有利。如经济学家约翰逊（Johuson，1994）认为，频繁重分配土地而且分地倾向分给男性，强化了农村家庭的生男传统。他认为，改变分地制度，才能根本地改变重男轻女的生育决定。许多关于妇女产权的研究也认为股份制的完善有助于权利的个体化、去身份化，将妇女从包产到户的"户"独立出来，因之有益保障外嫁女。然而，农村集体正是利用股份化改造对成员资格的成文化和制度化过程剥夺外嫁女的权益，尤其是股份分配牵涉产权的固化，生不增、死不减。

4. 村规民约和村民自治

对外嫁女的分配歧视是村民自治下的产物。例如，珠三角地区自 20 世纪 80 年代末开始的农村股份制改造试验，从一开始就着重于处理成员对集体资产的分配。而股份界定和分配，是要经民主过程表决的。1998 年，《村民委员会组织法》施行，广东省开始农村基层选举，此时股份制改造也已经全部铺开。这意味着在珠三角地区，无论程序如何粗糙，大部分的农村事务须经投票决定。亦是在此过程中，传统的父权宗族规范被成文化成为村规民约，或更具体的股份组织章程。在人口比例上，外嫁女原本数量就少，而农村选举又惯以"户代表"计。原本就遭遇"他者化"歧视的外嫁女，在多数决的规则下完全失去发言权。夏金梅（2011）的研究记录了 S 村针对外嫁女是否应享有村集体经济利益问题召开的多次会议与表决。多轮投票中，村民均以绝对多数否定了外嫁女的权益。① 村级股份合作组织在章程中对外嫁女的明文歧视可谓五花八门。村社成员不同意将土地或集体资产分给外嫁女的最重要原因是如此将会鼓

---

① 例如，广州瑶台村 1995 年制定的股份章程里，女劳动力最高配股 192 股，男劳动力最高配股 240 股，女股民相当于男股民的 80%——这是沿袭男女工分计算的习惯而来。而广州振兴村 2004 年耕地全被征用后其经济社订立的年终分红方案明文规定："不属纯女户包括本人、配偶及子女不论户口迁入或户口未迁出，不能享有股份及一切待遇"——意味着除"纯女户"可有一上门女婿外，其余外嫁女及其配偶、子女，无论有无户口，无论是否入赘（但非"纯女户"），皆无股份。在中山市小榄镇，有因婆婆离婚改嫁以至于实际生活在村里的三代人全被取消村民待遇的案例。有时因为子女报不了户口，村组迫于现实让外嫁女及其子女落户，却要其签名保证"世代不能享受本村所有的福利待遇"或"永久不得享受一切同村民一样的待遇"等协议（中山大学课题组，2008）。

励外嫁女、女婿以及其子女入籍本村。如此，经济相对发达地区的村集体人员必然急剧膨胀，也就分薄了集体资产。就集体来讲，也使得本村在与其他村的竞争中处于不利地位。长远来讲，福利、分红变少的村社会地位会下降，男子娶不到好媳妇，影响村落氏族的延续。人们常以为社会主义集体经济消灭或减弱了氏族的力量，倒是关于外嫁女分配的争议，意外突出了集体经济和传统父系氏族的共谋，以及外嫁女如何挑战这个集体——父权的同盟。

6.3.2 村民和村集体之间的博弈

根据广东省佛山市司法局统计，外嫁女分红纠纷占了农村分红矛盾纠纷的绝大多数。在广州番禺，外嫁女争议竟占所有信访案件的83%。从抗争策略来看，早期外嫁女以悲情上访为主。同村的外嫁女经常结伴而行，有时三四个，有时五六个。由于人微言轻，基层政府不予理会，她们只好层层越级上访：由村政府、镇政府、区政府、市政府至省政府。然而越级上访后，上级政府又告知必须回到原级政府才能解决，如此周而复始。

另一个维权路径是司法救济。一些外嫁女自20世纪90年代后期就试图状告村委会违背男女平等原则，侵犯外嫁女财产权。但法院多以无权干预集体经济组织内部决议为由拒绝受理。法院在各界巨大压力而自身权力有限的情况下给外嫁女司法救济订出"三步走"程序：政府干预、行政复议和行政诉讼。如此，就把裁决外嫁女和村委会纠纷的工作交给了镇政府。若外嫁女不服，再提出行政复议和行政诉讼。但多数行政复议亦无法立案，或行政复议后走不到行政诉讼。少数外嫁女艰难走完"三步"，胜诉却无法执行。2004年数十名外嫁女找上了中山大学性别研究中心法律援助部后，开展了集体性的法律维权。2005年，1000多名外嫁女发起了一人一信到人大的运动。由此，虽然个别抗争收效甚微，外嫁女集体作为一个抗议的身份，逐渐得到社会的认同。抗争之下，政策略有松动。

1. 南海外嫁女政策的变迁

以股份制改造的先行者广东省佛山市南海区为例。1992～1994年南海各村先后实行股份制，成立了股份合作社。生产队将之前分给农民的责任田收回，建成仓库厂房出租。从此，村民不再耕种，而享有股份分红。但同时，许多外嫁女村民从此被取消股份分红的权利。据中山大学妇女与性别研究中心调查，直至1998年，南海区被取消股份分红的外嫁女共约23600人，受牵连的外嫁女子女约4165人。从此，外嫁女走上了维权之路，到各级政府上访。1997 年，南海区 6 名外嫁女代表更开启了上访北京的先例，促使中央各单位发文要求南海解决问题。

为了制定规则，平息争议，南海区政府在 1998 年发布了《关于保障我市农村"外嫁女"合法权益问题的通知》（以下简称《通知》），以地方法规定义外嫁女的成员资格。如第三条之一：外嫁女本人及其子女的户口虽然仍在原村，但居住地不在原村，又没有承担村民义务的，其股权和福利待遇由股东代表大会确定。

没想到，这个文件引起了更多争议。1998 年以前，在法规不清的状况下，各村有不同的土办法，许多外嫁女在混乱间得到了股份。但《通知》规定外嫁女除了要有户口之外，还必须在原村居住才能享有同等村民待遇——此即后来被法院广泛采用的"两地原则"。"两地原则"看似公允，但若真照这个标准，则中国两亿多流动的农民工都将失去村籍和地权，更不用说因为拆迁而被迫散居的村民。"两地原则"这个狭窄的认定标准实是针对外嫁女而订的。同村的男性无论其居住地在哪，无人会质疑其村民资格。如此，一部分没有居住在原村的外嫁女就被取消了村民待遇。再者，《通知》赋予了股东代表大会以村规民约剥夺外嫁女股民待遇的权力。因此，区政府的这一文件，虽是以村民自治为基础设计的，却成为合理化村集体以多数决剥夺"少数"外嫁女权益的根源，也激发越来越多的外嫁女持续上访。① 这说明了村民自治和股份制改造的深入激化了外嫁女权益被剥夺的趋势。

因为南海外嫁女的抗争特别激烈，区政府被迫不断出台新的文件解决层出不穷的农村股权争议。2003 年南海颁布《南海区深化农村股份合作制改革指导意见》（以下简称《指导意见》），推进"固化"股权，以"无偿配股、出资购股或一次性补偿"等不同办法解决股权争议。据南海区委农村工作部表示，这次固化股权改革解决了 11961 名农村外嫁女及其子女的股权问题。2007 年南海又进一步推进"两确权"，明确界定农村集体资产归属和社区成员资格，并落实于股份章程。例如，最早推进"两确权"的丹灶镇西联村，该村原有的"股份经济合作社章程"规定外嫁女的子女不得配股。经过"两确权"，该村重新制定了章程，规定外嫁女子女户籍在该村且符合购股条件的可以出资购股。

作为股份制改造的制度设计者，南海区政府不断朝"固化股权""一刀切断"的方向推进，期望一次性地解决五花八门的股权争议。问题是，包括外嫁女在内的许多人对

① 根据中山大学妇女与性别研究中心 2004 年对南海区 152 个"外嫁女"的调查，有 115 人（占 75.1%）是在 1994 年以后被取消分红和福利的，而且"外嫁女"被侵权的人数比例逐年上升。

于出资购股或一次性补偿等折衷式的处理方案并不领情。例如，南海"狮山街道狮北村南坑股份经济合作社章程"规定在 1984 年 12 月 31 日以前结婚的外嫁女可以无偿配股；但在 1985 年 1 月 1 日至 1997 年 12 月 31 日结婚的外嫁女仅分配 50% 股份，另外的 50% 必须以现金购买。而且，村委会规定外嫁女必须在 3 年内用现金购买这 50% 的股份，否则就取消全部股份分红。原本处于经济弱势的外嫁女，抗争多年后得到的答案竟是要掏出一大笔钱购买自己的股份。

由于"外嫁女"上访几乎已经成为南海的标志，2008 年 5 月，南海成立了"解决农村出嫁女及其子女权益问题工作领导小组办公室"，在农村工作部指挥下，有针对性地解决散落在 67 个村小组共 802 个尚待解决的外嫁女股权问题。南海区政府出台了第三个关于外嫁女的文件《关于推进农村"两确权"，落实农村"出嫁女"及其子女合法权益的意见》，强调出嫁女及其子女将按同籍、同权、同龄、同股、同利的"五同"原则进行股权配置。即，户籍性质相同的同一农村集体经济组织的成员具有相同的股东权利和义务；年龄相同的股东享有同等数目股数和股份分红。至于有的地方允许出嫁女及其子女出资购股、有的地方则给予一次性补偿等历史遗留问题，区政府设计了复杂的规则将其分类解决。

2. 村组织的反击

在"出嫁办"的强力动员下，大部分的村和村小组修改了章程，肯定了外嫁女的股权。但落实到发股权证和分红时，却遭遇了村民的激烈抵抗。

由于传统的政治压力无效，南海区政府决定诉诸司法强制。各镇政府对拒不履行外嫁女分红的村组发出了几百份行政处理决定书。村民小组如在规定期限内既不执行也不提起复议或诉讼，镇政府就可申请法院强制执行。结果，只有不到十个村组正面回应，大部分村组仍是拒绝执行。

政府的最后一步棋，是法院强制拨款。2010 年，由于南海区大沥镇 5 个村经济社拒不执行发放外嫁女分红，南海区法院执行局将 88 万元分红款项从经济社账户强制划扣到法院执行款专用账户，再直接发放到外嫁女及其子女手中。

外嫁女原是珠三角地区上访的主角，但自政府正面介入后，抗议的主角换成了反弹的村民。

3. 外嫁女的成长

截至 2012 年末，在地方政府的大力推动下，珠三角地区的外嫁女大部分在同籍同权的原则下得到了股权。这个胜利是外嫁女近 20 年来抗争的成果。但是，纸面上的股权还是不能保证外嫁女可以拿到分红。每一次分红都是村民、外嫁女和政府的一场三方攻防。

回顾这场近 20 年的妇女农民运动，弱小的外嫁女抗争展现了集体动员的力量。但是，外嫁女在诉求上很少真正用到"产权"二字，她们更多争取的是"公平"和平等的"村民待遇"。外嫁女迄今的胜利主要是地方政府以行政命令肯定其权益，并以行政和司法的力量促使村组落实。全面修法显然遥不可及，因为关于农村集体产权的争议在土地法和物权法的修法过程中都被规避了。目前，外嫁女已经得到论述和政治上的合法性，也在抗争路途中变得坚强。

尽管农村在土地分配上歧视妇女的情况很多，但妇女从未能形成抗议的主体。如今，在城市化、工业化的大潮下，农村的土地关系、社会关系和财产关系被重新界定。外嫁女在权益被剥夺的同时，也因为争取权利而成为一股特殊的社会力量，挑战中国的乡村社会。

6.3.3　未来的制度变迁

外嫁女案例让人们看到，由于制度存在内在张力和矛盾，行动者不断的斗争可以促使制度不断演变。奥斯特罗姆（Ostrom，1990）曾强调管理公共财产的规则制定必须适合当地习俗。但外嫁女争议呈现的是，股份制改造未能达到现代化、契约化的目标，反而与习俗合流，剥夺弱势者的权利。抗争的外嫁女乃成为新的行动者，推动制度不断演进。制度因此不应只被看成个人选择的规则和限制。制度也是资源，提供行动，尤其是集体行动的机会。不同的行动者在斗争的过程中重新定义个体和集体的利益，并重新塑造习俗和制度。

在制度变迁过程中，未来农村股份改造的制度设计思路是要明晰产权，建立起"固化股权、出资购股、定期调整、合理流动"的股权制度，为市场化做准备。但是，"固化股权"的努力至今饱经争议。自 1999 年就实行股权"生不增死不减"的南海草场村，更在 2005 年经村民投票通过将股权设置改为"生增死减"，走了回头路。为此，南海的最新尝试是将股权固化到户，实行"股权配置长久不变，按户管理、按股分红"的模式。早前"出资认股"的政策已经叫停，新的政策目标是力争 2015 年完成"股权到户"的改革。"股权到户"目的是将人口调整的争议由各个家庭内部解决。但这个要将模糊的集体产权明晰化、现代化、去身份化、个人化、契约化的产权改革，竟回到以传统（父权）家庭为分配单位。各种制度实验还在进行之中，未有定论。唯一可以确定的是，这个产权改革很难有一个清晰的终点。农村集体关于"明晰产权"的努力和斗争主要是为了解决内部的分配争议，以至于几乎要走回家族主义的老路。我们因此得知，集体经济中的个人"产权"从未是一个静态的概念，它更多的还是个别成员在集体/社区中的身份和权利义务的界定。只要"集体"还存在，关于成员权的争议就会不断推动集体的重构。"产权改革"也因此成为一个"共享剧本"（shared script），不同的行动者在其间为自己的权利斗争。

另外，从抗争的视角看，应该借助裴宜理（Elizabeth Perry，1994）对国家/社会二分的批判：除了巨大的区域差异外，国家并非铁板一块，社会也非均质统一。外嫁女争议同时突出了农村内部的冲突以及不同层级、不同部门政府的冲突。面对外嫁女的抗争，保守的乡村习俗被村民自治强化，并用以对抗国家法律。当外嫁女群体在运动过程中动员跨尺度的行动（如层层上访）来调和农村内部冲突时，同时也加深了国家跨尺度治理的冲突：地方政府对上颜面尽失，对下左支右绌。外嫁女运动最终迫使国家介入，但各级政府是被动的，政府和法院之间也有角力和对抗。应该以过程取向分析制度的变迁。变迁不是一个机制到另一个机制的完全转换。农村股份制的尴尬处境很容易被视为转型经济中的一种"过渡"，只要抵达全面市场化、私有化的彼岸，这些问题都会消失。

6.3.4　土地经济和土地法学分析

上述的分析主要是基于社会学和政治性视角进行的。从土地经济学和土地法学视角，还可以得出新的结论。

（1）对土地和土地权利的认识。第一，土地是不能移动的，但土地权利是可以移动的。现代社会要求财产都要能流动，实现更佳的配置，但这和传统的村社封闭性形成矛盾。其核心的问题是分红权，这属于一种可实现的期权，应该实现分红权的市场化。外嫁女可以获得分红权，并且任何人都可以转让分红权。对于分红权的转让，集体拥有优先购买权，且每次转让时村社可以收取类似税收之类的转让费，对转让予以必要的限制。第二，按权利义务对等的原则，无论是谁享受分红权，都应该履行义务。应该逐步淡化以成员权作为获得地权的理由，强化以义务作为获得地权的理由。部分外嫁女并不住在本村，很难承担本村的义务（如果有的话），而只是凭借出生在本村获得的股权。目前的以户为单位的固化股份，有利于矛盾的解决。因为以家庭为单位获得股权，未来女性一旦外嫁，由于股份有价格，就可以将股份出售或者转让给家庭内部成员，义务同时也转让给家庭内部，家庭内部如何协商就变成家庭内部事务。这样做就不会影响人口的自由流动。

（2）土地权利的界定是动态的，制度也是逐步变迁的，要相信村社的创造力。地权制度受到社会经济条件的影响并不断演化。各利益主体间围绕土地权利和利益的争夺一直都未停息，某种情况下会很尖锐。所以，政府—村社—村民之间的互动将不断推动土地权利制度变迁。

（3）集体土地所有制的完善需要一个长期和艰难的过程。一些土地需要按份共有，如农地；一些土地需要共同共有，如一些公共设施用地。土地权利需要在个人利益和公共利益之间达到平衡。公有制和私有制皆有弊端，如何演进，要看社会经济发展的情况，而无一定之规。从总趋势看，中国可以在一定程度上借鉴美国的社区制度，即居住在一个社区要按房产价值支付房产税作为义务，并享受治安、教育和卫生等多种公共服务。人口具有自由流动性。房产是从属于社区的重要标准。所以，未来集体土地所有制改革，应该逐步将部分土地市场化和资产化，让居民可以在迁出时出售、迁入时购买。进入社区的新居民，无义务，则无相关权利。例如，一个新家庭在本村购买房产后，他要么按规定缴纳房产税，要么按规则购买股份，然后才有资格享受充分的权利；反之，一位女性在迁出时，她的股份有权保留，也可以转让，如选择保留，则必须履行有关章程规定的可能的义务。目前，我国的宅基地交易和房产税制度都是缺失的。

6.3.5　近年来农村股份制制度的演化和完善

20 世纪 80 年代以来，伴随着中国经济的快速发展，广东省佛山市南海区的农村股份合作制改革走过了波澜壮阔的历程。1987 年，南海区被国务院确定为全国农村改革试验区，试验"土地制度改革和规模化种植"。1992 年，南海区在罗村下柏开始进行以土地为中心的农村股份合作制试验，探索"一制三区"。1992 年下半年，农村股份合作制改革在罗村下柏、里水沙涌、平洲洲表三个村试点推行。1993 年，南海区制定了《关于推行农村股份合作制的意见》，在全区农村全面推开农村股份合作制；佛山市也制定实施《关于推行农村股份合作制的意见》，引导农村股份合作制在全市推开。1994 年，广东省在南海区召开珠江三角洲地区农村股份合作制改革座谈会。1995 年，南海区在草场村展开试点，推行"股权固化"改革，实行股权"生不增，死不减"。2003 年，南海区委区政府印发《南海区深化农村股份合作制改革指导意见》，在农村全面推进"固化股权、出资购股、合理流动"，实行股权固化到人。2008 年，南海区委区政府研究出台《关于推进农村"两确权"，落实农村"出嫁女"及其子女合法权益的意见》，围绕"法、理、情、利"的原则，探索解决农村股权纷争。2011 年，南海区发布《关于深化农村体制综合改革的若干意见》，提出要完善农村"两确权"，鼓励农村集体经济组织推进农村股权固化，规范农村股权流转，积极引导农村集体经济组织推进农村集体资产市场化等。2013 年，南海区集体经济组织成员股权（股份）管理交易平台开通运行。2015 年，南海区被农业部、中央农村工作领导小组、国家林业局确定为"农村集体资产股份权能改革试点"，出台《南海区集体经济组织股权（农村土地承包经营权）确权登记颁证工作实施方案》，正式在全区推进"确权到户、户内共享、社内流转、长久不变"的股权管理模式。2017 年，南海区完成股份权能改革试点工作，赋予了农民对集体资产的占有权、收益权、有偿退出权、继承权、抵押权和担保权。2018 年，南海区完成集体经济组织股权确权登记颁证工作的市级验收，明确以户为单位进行股权登记和股份分红，无论人口增减，户内股数长久不变，提倡户内股权均等化。

在 2015 年的改革中人们发现，由于农村股份合作制涉及农村土地制度、经营管理机制、利益分配关系等问题，因此在社会发展过程中股份制也暴露出一些矛盾，诸如股权争议纠纷激增、经济组织凝聚力不强、内部矛盾多等问题。其中，股权和分红的分配是至关重要的一点。南海区城乡统筹办公室副主任吴某某认为，当前农村最主要的矛盾就是利益纷争，前几年南海区涉农上访 80% 以上与集体经济有关。南海区提出对集体经济组织股权实施"确权到户、户内共享、社内流转、长久不变"的 16 字股权改革方针，明确以户为单位进行股权登记和股份分红，并提倡户内股权均等化，以明晰集体产权和股份分配关系。也就是说，根据新的改革方案，无论户内人口的增减，户内的股权都将保持不变。农村家庭的新入户人员可根据"户内共享"原则，通过继承等方法参与分配。此次确权将在确定无争议的股东股权基础上，对历史遗留问题和群众诉求进行妥善解决。此次改革，外嫁女及子女可配股，可在规定时间点通过配股或出资购股成为股东。确权到户，除了可以确保股权在家庭内部长期保持不变，更重要的是可以防止因各种利益群体不断涌入而导致股红被摊薄，也能防止大量外来人口落户而增加农村社会管理的压力，以及减轻医疗保险、养老金等支出的负担。另外，还能腾出更多土地资源，进行土地整合和连片开发，推动农村城市化，实现村民增收。

到 2018 年，历经多年改革实践，广东佛山市南海区以股权确权到户、三资平台管理、政经分开等为突破口，创建起"统一平台、管理动态、交易阳光、监控实时、信息共享"的"三资"管理新模式，确保"三资"管理交易在阳光下运行，实现了经济效益和社会管理双赢，已经为农村集体产权制度改革摸索出一条可供借鉴的成熟模式。南海区已有 1823 个集体经济组织完成股份制章程民主表决，实行该种股权管理模式，完成率为 91.24%。与此同时，南海区以股权确权为契机，在对外嫁女、"农转非"、退伍军人等历史遗留问题人员进行认真梳理的基础上，允许历史遗留问题人群通过一次性出资购股享受农村股权福利。此次农村集体产权制度改革意义重大，发挥了"稳压器"作用，促进了农村居民增收，提高了农村社会保障和救济能力，稳定了农村发展大局。

6.4 结　论

外嫁女争议凸显了我国土地集体所有制度的尴尬，由于这是一种与身份和居住地挂钩的制度，虽然具有低层次的社会稳定和公平价值，但弊端也是明显的：抑制了现代人的流动性；模糊定义的权利经常被侵害。对于外嫁女问题，存在着很多理论上的重大难题。

（1）稳定承包权的农地制度得到国家法律的承认，股权"生不增，死不减"已经获得广泛认同，外嫁女嫁出，原则上其土地权利予以保留在家庭内部，嫁入地当然不会简单地给予其新的土地权利。

（2）村集体一般认为只有具有本村户籍、居住在本村且享受公共服务（重要的是承担义务）的人才能获得全部的土地权利，这一点也是合理的。外嫁女虽然理论上具有土地权利，但是一旦外嫁，她们不能承担义务，很难得到村集体和村民的认同感从而获得全部权利。

（3）村民自治和国家法律之间的矛盾是动态变迁的，并不能相互否定对方。

（4）保护妇女土地权利需要基于权利义务对等的理念，需要协商和妥协。

（5）基于人口流动性的事实，有必要增设特别股权或者动态调整机制，甚至市场化地调整机制，实现权利义务的平衡。村集体的很多做法本身具有合理性，目的是防范"道德风险"，即防范有的村民"搭便车"或者摊薄集体资产。

本章小结

我国的土地集体所有制导致了许多集体成员权益纠纷，而且在发达地区更加突出，显示了法律和社会管理的困境。随着社会的发展，城市化进程不断推进，人口流动日益频繁，农村自然村或行政村的土地边界和人口边界都发生了巨大变化。人口的流入流出都可能对集体经济组织及其成员利益造成影响。如何适应新的社会形态和发展趋势，推动法律完善，既保护每一个人的合法利益，又推动人口合理流动，既维护传统社区的稳定性，又发展壮大集体经济，成为一个经济学、管理学和法学难题。

关键术语

外嫁女　　股份合作社　　集体土地所有制　　成员权　　地权

复习与思考

1. 如何看待国家正式法律和村规民约之间的分歧与冲突？

2. 未来广东省佛山市南海区集体股份合作社制度还需要改革吗？

3. 剥夺外嫁女的分红权和股权是否违宪？

附　录

不动产法相关重要条文

限于篇幅，这里只列出比较重要的法律中与不动产法律关联性较高的条款。

1. 宪法

《中华人民共和国宪法》于 1982 年 12 月 4 日由第五届全国人民代表大会第五次会议通过，1982 年 12 月 4 日全国人民代表大会公告公布施行。根据 1988 年 4 月 12 日第七届全国人民代表大会第一次会议通过的《中华人民共和国宪法修正案》、1993 年 3 月 29日第八届全国人民代表大会第一次会议通过的《中华人民共和国宪法修正案》、1999 年3 月 15 日第九届全国人民代表大会第二次会议通过的《中华人民共和国宪法修正案》和 2004 年 3 月 14 日第十届全国人民代表大会第二次会议通过的《中华人民共和国宪法修正案》修正。其中，与不动产法律关联性较高的条款主要有：

第六条　中华人民共和国的社会主义经济制度的基础是生产资料的社会主义公有制，即全民所有制和劳动群众集体所有制。社会主义公有制消灭人剥削人的制度，实行各尽所能、按劳分配的原则。

第九条　矿藏、水流、森林、山岭、草原、荒地、滩涂等自然资源，都属于国家所有，即全民所有；由法律规定属于集体所有的森林和山岭、草原、荒地、滩涂除外。

国家保障自然资源的合理利用，保护珍贵的动物和植物。禁止任何组织或者个人用任何手段侵占或者破坏自然资源。

第十条　城市的土地属于国家所有。

农村和城市郊区的土地，除由法律规定属于国家所有的以外，属于集体所有；宅基地和自留地、自留山，也属于集体所有。

国家为了公共利益的需要，可以依照法律规定对土地实行征收或者征用并给予补偿。

任何组织或者个人不得侵占、买卖或者以其他形式非法转让土地。土地的使用权可以依照法律的规定转让。

一切使用土地的组织和个人必须合理地利用土地。

第十二条 社会主义的公共财产神圣不可侵犯。

国家保护社会主义的公共财产。禁止任何组织或者个人用任何手段侵占或者破坏国家的和集体的财产。

第十三条 公民的合法的私有财产不受侵犯。

国家依照法律规定保护公民的私有财产权和继承权。

国家为了公共利益的需要，可以依照法律规定对公民的私有财产实行征收或者征用并给予补偿。

2. 物权法

《中华人民共和国物权法》由第十届全国人民代表大会第五次会议于 2007 年 3 月 16 日通过，自 2007 年 10 月 1 日起施行。其中，与不动产法律关联性较高的条款主要有：

第二章 物权的设立、变更、转让和消灭

第一节 不动产登记

第九条 不动产物权的设立、变更、转让和消灭，经依法登记，发生效力；未经登记，不发生效力，但法律另有规定的除外。依法属于国家所有的自然资源，所有权可以不登记。

第十条 不动产登记，由不动产所在地的登记机构办理。国家对不动产实行统一登记制度。统一登记的范围、登记机构和登记办法，由法律、行政法规规定。

第四章 一般规定

第三十九条 所有权人对自己的不动产或者动产，依法享有占有、使用、收益和处分的权利。

第四十条 所有权人有权在自己的不动产或者动产上设立用益物权和担保物权。用益物权人、担保物权人行使权利，不得损害所有权人的权益。

第四十一条 法律规定专属于国家所有的不动产和动产，任何单位和个人不能取得所有权。

第四十二条　为了公共利益的需要，依照法律规定的权限和程序可以征收集体所有的土地和单位、个人的房屋及其他不动产。

征收集体所有的土地，应当依法足额支付土地补偿费、安置补助费、地上附着物和青苗的补偿费等费用，安排被征地农民的社会保障费用，保障被征地农民的生活，维护被征地农民的合法权益。

征收单位、个人的房屋及其他不动产，应当依法给予拆迁补偿，维护被征收人的合法权益；征收个人住宅的，还应当保障被征收人的居住条件。

任何单位和个人不得贪污、挪用、私分、截留、拖欠征收补偿费等费用。

第四十三条　国家对耕地实行特殊保护，严格限制农用地转为建设用地，控制建设用地总量。不得违反法律规定的权限和程序征收集体所有的土地。

第四十四条　因抢险、救灾等紧急需要，依照法律规定的权限和程序可以征用单位、个人的不动产或者动产。被征用的不动产或者动产使用后，应当返还被征用人。单位、个人的不动产或者动产被征用或者征用后毁损、灭失的，应当给予补偿。

第五章　国家所有权和集体所有权、私人所有权

第四十五条　法律规定属于国家所有的财产，属于国家所有即全民所有。

国有财产由国务院代表国家行使所有权；法律另有规定的，依照其规定。

第四十六条　矿藏、水流、海域属于国家所有。

第四十七条　城市的土地，属于国家所有。法律规定属于国家所有的农村和城市郊区的土地，属于国家所有。

第四十八条　森林、山岭、草原、荒地、滩涂等自然资源，属于国家所有，但法律规定属于集体所有的除外。

第六十条　对于集体所有的土地和森林、山岭、草原、荒地、滩涂等，依照下列规定行使所有权：

（一）属于村农民集体所有的，由村集体经济组织或者村民委员会代表集体行使所有权；

（二）分别属于村内两个以上农民集体所有的，由村内各该集体经济组织或者村民小组代表集体行使所有权；

（三）属于乡镇农民集体所有的，由乡镇集体经济组织代表集体行使所有权。

第六章　业主的建筑物区分所有权

第七十条　业主对建筑物内的住宅、经营性用房等专有部分享有所有权，对专有部分以外的共有部分享有共有和共同管理的权利。

第七十一条 业主对其建筑物专有部分享有占有、使用、收益和处分的权利。业主行使权利不得危及建筑物的安全，不得损害其他业主的合法权益。

第七十二条 业主对建筑物专有部分以外的共有部分，享有权利，承担义务；不得以放弃权利不履行义务。

业主转让建筑物内的住宅、经营性用房，其对共有部分享有的共有和共同管理的权利一并转让。

第七十三条 建筑区划内的道路，属于业主共有，但属于城镇公共道路的除外。建筑区划内的绿地，属于业主共有，但属于城镇公共绿地或者明示属于个人的除外。建筑区划内的其他公共场所、公用设施和物业服务用房，属于业主共有。

第七十四条 建筑区划内，规划用于停放汽车的车位、车库应当首先满足业主的需要。

建筑区划内，规划用于停放汽车的车位、车库的归属，由当事人通过出售、附赠或者出租等方式约定。

占用业主共有的道路或者其他场地用于停放汽车的车位，属于业主共有。

第七十五条 业主可以设立业主大会，选举业主委员会。

地方人民政府有关部门应当对设立业主大会和选举业主委员会给予指导和协助。

第七十六条 下列事项由业主共同决定：

（一）制定和修改业主大会议事规则；

（二）制定和修改建筑物及其附属设施的管理规约；

（三）选举业主委员会或者更换业主委员会成员；

（四）选聘和解聘物业服务企业或者其他管理人；

（五）筹集和使用建筑物及其附属设施的维修资金；

（六）改建、重建建筑物及其附属设施；

（七）有关共有和共同管理权利的其他重大事项。

决定前款第五项和第六项规定的事项，应当经专有部分占建筑物总面积三分之二以上的业主且占总人数三分之二以上的业主同意。决定前款其他事项，应当经专有部分占建筑物总面积过半数的业主且占总人数过半数的业主同意。

第七十七条 业主不得违反法律、法规以及管理规约，将住宅改变为经营性用房。业主将住宅改变为经营性用房的，除遵守法律、法规以及管理规约外，应当经有利害关系的业主同意。

第七十八条 业主大会或者业主委员会的决定，对业主具有约束力。

业主大会或者业主委员会作出的决定侵害业主合法权益的，受侵害的业主可以请求人民法院予以撤销。

第七十九条 建筑物及其附属设施的维修资金，属于业主共有。经业主共同决定，可以用于电梯、水箱等共有部分的维修。维修资金的筹集、使用情况应当公布。

第八十条 建筑物及其附属设施的费用分摊、收益分配等事项，有约定的，按照约定；没有约定或者约定不明确的，按照业主专有部分占建筑物总面积的比例确定。

第八十一条 业主可以自行管理建筑物及其附属设施，也可以委托物业服务企业或者其他管理人管理。

对建设单位聘请的物业服务企业或者其他管理人，业主有权依法更换。

第八十二条 物业服务企业或者其他管理人根据业主的委托管理建筑区划内的建筑物及其附属设施，并接受业主的监督。

第八十三条 业主应当遵守法律、法规以及管理规约。

业主大会和业主委员会，对任意弃置垃圾、排放污染物或者噪声、违反规定饲养动物、违章搭建、侵占通道、拒付物业费等损害他人合法权益的行为，有权依照法律、法规以及管理规约，要求行为人停止侵害、消除危险、排除妨害、赔偿损失。业主对侵害自己合法权益的行为，可以依法向人民法院提起诉讼。

第一百二十八条 土地承包经营权人依照农村土地承包法的规定，有权将土地承包经营权采取转包、互换、转让等方式流转。流转的期限不得超过承包期的剩余期限。未经依法批准，不得将承包地用于非农建设。

第一百四十八条 建设用地使用权期间届满前，因公共利益需要提前收回该土地的，应当依照本法第四十二条的规定对该土地上的房屋及其他不动产给予补偿，并退还相应的出让金。

第一百四十九条 住宅建设用地使用权期间届满的，自动续期。

非住宅建设用地使用权期间届满后的续期，依照法律规定办理。该土地上的房屋及其他不动产的归属，有约定的，按照约定；没有约定或者约定不明确的，依照法律、行政法规的规定办理。

3. 土地管理法

《中华人民共和国土地管理法》于 1986 年 6 月 25 日经第六届全国人民代表大会常务委员会第十六次会议通过，根据 1988 年 12 月 29 日第七届全国人民代表大会常务委员会第五次会议《关于修改〈中华人民共和国土地管理法〉的决定》第一次修正，1998

年 8 月 29 日第九届全国人民代表大会常务委员会第四次会议修订；根据 2004 年 8 月 28 日第十届全国人民代表大会常务委员会第十一次会议《关于修改〈中华人民共和国土地管理法〉的决定》第二次修正；根据 2019 年 8 月 26 日第十三届全国人民代表大会常务委员会第十二次会议《关于修改〈中华人民共和国土地管理法〉、〈中华人民共和国城市房地产管理法〉的决定》第三次修正。其中，与不动产法律关联性较高的条款主要有：

第九条 城市市区的土地属于国家所有。

农村和城市郊区的土地，除由法律规定属于国家所有的以外，属于农民集体所有；宅基地和自留地、自留山，属于农民集体所有。

第十条 国有土地和农民集体所有的土地，可以依法确定给单位或者个人使用。使用土地的单位和个人，有保护、管理和合理利用土地的义务。

第十一条 农民集体所有的土地依法属于村农民集体所有的，由村集体经济组织或者村民委员会经营、管理；已经分别属于村内两个以上农村集体经济组织的农民集体所有的，由村内各该农村集体经济组织或者村民小组经营、管理；已经属于乡（镇）农民集体所有的，由乡（镇）农村集体经济组织经营、管理。

第四十四条 建设占用土地，涉及农用地转为建设用地的，应当办理农用地转用审批手续。

永久基本农田转为建设用地的，由国务院批准。

在土地利用总体规划确定的城市和村庄、集镇建设用地规模范围内，为实施该规划而将永久基本农田以外的农用地转为建设用地的，按土地利用年度计划分批次按照国务院规定由原批准土地利用总体规划的机关或者其授权的机关批准。在已批准的农用地转用范围内，具体建设项目用地可以由市、县人民政府批准。

在土地利用总体规划确定的城市和村庄、集镇建设用地规模范围外，将永久基本农田以外的农用地转为建设用地的，由国务院或者国务院授权的省、自治区、直辖市人民政府批准。

第四十五条 为了公共利益的需要，有下列情形之一，确需征收农民集体所有的土地的，可以依法实施征收：

（一）军事和外交需要用地的；

（二）由政府组织实施的能源、交通、水利、通信、邮政等基础设施建设需要用地的；

（三）由政府组织实施的科技、教育、文化、卫生、体育、生态环境和资源保护、防灾减灾、文物保护、社区综合服务、社会福利、市政公用、优抚安置、英烈保护等公共事业需要用地的；

（四）由政府组织实施的扶贫搬迁、保障性安居工程建设需要用地的；

（五）在土地利用总体规划确定的城镇建设用地范围内，经省级以上人民政府批准由县级以上地方人民政府组织实施的成片开发建设需要用地的；

（六）法律规定为公共利益需要可以征收农民集体所有的土地的其他情形。

前款规定的建设活动，应当符合国民经济和社会发展规划、土地利用总体规划、城乡规划和专项规划；第（四）项、第（五）项规定的建设活动，还应当纳入国民经济和社会发展年度计划；第（五）项规定的成片开发并应当符合国务院自然资源主管部门规定的标准。

第四十六条　征收下列土地的，由国务院批准：

（一）永久基本农田；

（二）永久基本农田以外的耕地超过三十五公顷的；

（三）其他土地超过七十公顷的。

征收前款规定以外的土地的，由省、自治区、直辖市人民政府批准。

征收农用地的，应当依照本法第四十四条的规定先行办理农用地转用审批。其中，经国务院批准农用地转用的，同时办理征地审批手续，不再另行办理征地审批；经省、自治区、直辖市人民政府在征地批准权限内批准农用地转用的，同时办理征地审批手续，不再另行办理征地审批，超过征地批准权限的，应当依照本条第一款的规定另行办理征地审批。

第四十七条　国家征收土地的，依照法定程序批准后，由县级以上地方人民政府予以公告并组织实施。

县级以上地方人民政府拟申请征收土地的，应当开展拟征收土地现状调查和社会稳定风险评估，并将征收范围、土地现状、征收目的、补偿标准、安置方式和社会保障等在拟征收土地所在的乡（镇）和村、村民小组范围内公告至少三十日，听取被征地的农村集体经济组织及其成员、村民委员会和其他利害关系人的意见。

多数被征地的农村集体经济组织成员认为征地补偿安置方案不符合法律、法规规定的，县级以上地方人民政府应当组织召开听证会，并根据法律、法规的规定和听证会情况修改方案。

拟征收土地的所有权人、使用权人应当在公告规定期限内，持不动产权属证明材料办理补偿登记。县级以上地方人民政府应当组织有关部门测算并落实有关费用，保证足额到位，与拟征收土地的所有权人、使用权人就补偿、安置等签订协议；个别确实难以达成协议的，应当在申请征收土地时如实说明。

相关前期工作完成后，县级以上地方人民政府方可申请征收土地。

第四十八条 征收土地应当给予公平、合理的补偿，保障被征地农民原有生活水平不降低、长远生计有保障。

征收土地应当依法及时足额支付土地补偿费、安置补助费以及农村村民住宅、其他地上附着物和青苗等的补偿费用，并安排被征地农民的社会保障费用。

征收农用地的土地补偿费、安置补助费标准由省、自治区、直辖市通过制定公布区片综合地价确定。制定区片综合地价应当综合考虑土地原用途、土地资源条件、土地产值、土地区位、土地供求关系、人口以及经济社会发展水平等因素，并至少每三年调整或者重新公布一次。

征收农用地以外的其他土地、地上附着物和青苗等的补偿标准，由省、自治区、直辖市制定。对其中的农村村民住宅，应当按照先补偿后搬迁、居住条件有改善的原则，尊重农村村民意愿，采取重新安排宅基地建房、提供安置房或者货币补偿等方式给予公平、合理的补偿，并对因征收造成的搬迁、临时安置等费用予以补偿，保障农村村民居住的权利和合法的住房财产权益。

县级以上地方人民政府应当将被征地农民纳入相应的养老等社会保障体系。被征地农民的社会保障费用主要用于符合条件的被征地农民的养老保险等社会保险缴费补贴。被征地农民社会保障费用的筹集、管理和使用办法，由省、自治区、直辖市制定。

第四十九条 被征地的农村集体经济组织应当将征收土地的补偿费用的收支状况向本集体经济组织的成员公布，接受监督。

禁止侵占、挪用被征收土地单位的征地补偿费用和其他有关费用。

第五十条 地方各级人民政府应当支持被征地的农村集体经济组织和农民从事开发经营，兴办企业。

第五十一条 大中型水利、水电工程建设征收土地的补偿费标准和移民安置办法，由国务院另行规定。

第五十二条 建设项目可行性研究论证时，自然资源主管部门可以根据土地利用总体规划、土地利用年度计划和建设用地标准，对建设用地有关事项进行审查，并提出意见。

第五十三条 经批准的建设项目需要使用国有建设用地的，建设单位应当持法律、行政法规规定的有关文件，向有批准权的县级以上人民政府自然资源主管部门提出建设用地申请，经自然资源主管部门审查，报本级人民政府批准。

第五十四条　建设单位使用国有土地，应当以出让等有偿使用方式取得；但是，下列建设用地，经县级以上人民政府依法批准，可以以划拨方式取得：

（一）国家机关用地和军事用地；

（二）城市基础设施用地和公益事业用地；

（三）国家重点扶持的能源、交通、水利等基础设施用地；

（四）法律、行政法规规定的其他用地。

第五十五条　以出让等有偿使用方式取得国有土地使用权的建设单位，按照国务院规定的标准和办法，缴纳土地使用权出让金等土地有偿使用费和其他费用后，方可使用土地。

自本法施行之日起，新增建设用地的土地有偿使用费，百分之三十上缴中央财政，百分之七十留给有关地方人民政府。具体使用管理办法由国务院财政部门会同有关部门制定，并报国务院批准。

第五十六条　建设单位使用国有土地的，应当按照土地使用权出让等有偿使用合同的约定或者土地使用权划拨批准文件的规定使用土地；确需改变该幅土地建设用途的，应当经有关人民政府自然资源主管部门同意，报原批准用地的人民政府批准。其中，在城市规划区内改变土地用途的，在报批前，应当先经有关城市规划行政主管部门同意。

第五十七条　建设项目施工和地质勘查需要临时使用国有土地或者农民集体所有的土地的，由县级以上人民政府自然资源主管部门批准。其中，在城市规划区内的临时用地，在报批前，应当先经有关城市规划行政主管部门同意。土地使用者应当根据土地权属，与有关自然资源主管部门或者农村集体经济组织、村民委员会签订临时使用土地合同，并按照合同的约定支付临时使用土地补偿费。

临时使用土地的使用者应当按照临时使用土地合同约定的用途使用土地，并不得修建永久性建筑物。

临时使用土地期限一般不超过二年。

第五十八条　有下列情形之一的，由有关人民政府自然资源主管部门报经原批准用地的人民政府或者有批准权的人民政府批准，可以收回国有土地使用权：

（一）为实施城市规划进行旧城区改建以及其他公共利益需要，确需使用土地的；

（二）土地出让等有偿使用合同约定的使用期限届满，土地使用者未申请续期或者申请续期未获批准的；

（三）因单位撤销、迁移等原因，停止使用原划拨的国有土地的；

（四）公路、铁路、机场、矿场等经核准报废的。

依照前款第（一）项的规定收回国有土地使用权的，对土地使用权人应当给予适当补偿。

第五十九条 乡镇企业、乡（镇）村公共设施、公益事业、农村村民住宅等乡（镇）村建设，应当按照村庄和集镇规划，合理布局，综合开发，配套建设；建设用地，应当符合乡（镇）土地利用总体规划和土地利用年度计划，并依照本法第四十四条、第六十条、第六十一条、第六十二条的规定办理审批手续。

第六十条 农村集体经济组织使用乡（镇）土地利用总体规划确定的建设用地兴办企业或者与其他单位、个人以土地使用权入股、联营等形式共同举办企业的，应当持有关批准文件，向县级以上地方人民政府自然资源主管部门提出申请，按照省、自治区、直辖市规定的批准权限，由县级以上地方人民政府批准；其中，涉及占用农用地的，依照本法第四十四条的规定办理审批手续。

按照前款规定兴办企业的建设用地，必须严格控制。省、自治区、直辖市可以按照乡镇企业的不同行业和经营规模，分别规定用地标准。

第六十一条 乡（镇）村公共设施、公益事业建设，需要使用土地的，经乡（镇）人民政府审核，向县级以上地方人民政府自然资源主管部门提出申请，按照省、自治区、直辖市规定的批准权限，由县级以上地方人民政府批准；其中，涉及占用农用地的，依照本法第四十四条的规定办理审批手续。

第六十二条 农村村民一户只能拥有一处宅基地，其宅基地的面积不得超过省、自治区、直辖市规定的标准。

人均土地少、不能保障一户拥有一处宅基地的地区，县级人民政府在充分尊重农村村民意愿的基础上，可以采取措施，按照省、自治区、直辖市规定的标准保障农村村民实现户有所居。

农村村民建住宅，应当符合乡（镇）土地利用总体规划、村庄规划，不得占用永久基本农田，并尽量使用原有的宅基地和村内空闲地。编制乡（镇）土地利用总体规划、村庄规划应当统筹并合理安排宅基地用地，改善农村村民居住环境和条件。

农村村民住宅用地，由乡（镇）人民政府审核批准；其中，涉及占用农用地的，依照本法第四十四条的规定办理审批手续。

农村村民出卖、出租、赠与住宅后，再申请宅基地的，不予批准。

国家允许进城落户的农村村民依法自愿有偿退出宅基地，鼓励农村集体经济组织及其成员盘活利用闲置宅基地和闲置住宅。

国务院农业农村主管部门负责全国农村宅基地改革和管理有关工作。

第六十三条　土地利用总体规划、城乡规划确定为工业、商业等经营性用途，并经依法登记的集体经营性建设用地，土地所有权人可以通过出让、出租等方式交由单位或者个人使用，并应当签订书面合同，载明土地界址、面积、动工期限、使用期限、土地用途、规划条件和双方其他权利义务。

前款规定的集体经营性建设用地出让、出租等，应当经本集体经济组织成员的村民会议三分之二以上成员或者三分之二以上村民代表的同意。

通过出让等方式取得的集体经营性建设用地使用权可以转让、互换、出资、赠与或者抵押，但法律、行政法规另有规定或者土地所有权人、土地使用权人签订的书面合同另有约定的除外。

集体经营性建设用地的出租，集体建设用地使用权的出让及其最高年限、转让、互换、出资、赠与、抵押等，参照同类用途的国有建设用地执行。具体办法由国务院制定。

第六十四条　集体建设用地的使用者应当严格按照土地利用总体规划、城乡规划确定的用途使用土地。

第六十五条　在土地利用总体规划制定前已建的不符合土地利用总体规划确定的用途的建筑物、构筑物，不得重建、扩建。

第六十六条　有下列情形之一的，农村集体经济组织报经原批准用地的人民政府批准，可以收回土地使用权：

（一）为乡（镇）村公共设施和公益事业建设，需要使用土地的；

（二）不按照批准的用途使用土地的；

（三）因撤销、迁移等原因而停止使用土地的。

依照前款第（一）项规定收回农民集体所有的土地的，对土地使用权人应当给予适当补偿。

收回集体经营性建设用地使用权，依照双方签订的书面合同办理，法律、行政法规另有规定的除外。

4. 城市房地产法

《中华人民共和国城市房地产管理法》于 1994 年 7 月 5 日由第八届全国人民代表大会常务委员会第八次会议通过，自 1995 年 1 月 1 日起施行。根据 2007 年 8 月 30 日第十届全国人民代表大会常务委员会第二十九次会议《关于修改〈中华人民共和国城市房地产管理法〉的决定》第一次修正；根据 2009 年 8 月 27 日第十一届全国人民代表大会常务委员会第十次会议《关于修改部分法律的决定》第二次修正；根据 2019 年 8 月 26 日第十三届全国人民代表大会常务委员会第十二次会议《关于修改〈中华人民共和国土地管理法〉、〈中华人民共和国城市房地产管理法〉的决定》第三次修正。其中，与不动产法律关联性较高的条款主要有：

第九条 城市规划区内的集体所有的土地，经依法征收转为国有土地后，该幅国有土地的使用权方可有偿出让，但法律另有规定的除外。

第十条 土地使用权出让，必须符合土地利用总体规划、城市规划和年度建设用地计划。

第十一条 县级以上地方人民政府出让土地使用权用于房地产开发的，须根据省级以上人民政府下达的控制指标拟订年度出让土地使用权总面积方案，按照国务院规定，报国务院或者省级人民政府批准。

第十二条 土地使用权出让，由市、县人民政府有计划、有步骤地进行。出让的每幅地块、用途、年限和其他条件，由市、县人民政府土地管理部门会同城市规划、建设、房产管理部门共同拟定方案，按照国务院规定，报经有批准权的人民政府批准后，由市、县人民政府土地管理部门实施。

直辖市的县人民政府及其有关部门行使前款规定的权限，由直辖市人民政府规定。

第十三条 土地使用权出让，可以采取拍卖、招标或者双方协议的方式。

商业、旅游、娱乐和豪华住宅用地，有条件的，必须采取拍卖、招标方式；没有条件，不能采取拍卖、招标方式的，可以采取双方协议的方式。

采取双方协议方式出让土地使用权的出让金不得低于按国家规定所确定的最低价。

第十四条 土地使用权出让最高年限由国务院规定。

第十五条 土地使用权出让，应当签订书面出让合同。

土地使用权出让合同由市、县人民政府土地管理部门与土地使用者签订。

第十六条 土地使用者必须按照出让合同约定，支付土地使用权出让金；未按照出让合同约定支付土地使用权出让金的，土地管理部门有权解除合同，并可以请求违约赔偿。

第十七条 土地使用者按照出让合同约定支付土地使用权出让金的，市、县人民政府土地管理部门必须按照出让合同约定，提供出让的土地；未按照出让合同约定提供出让的土地的，土地使用者有权解除合同，由土地管理部门返还土地使用权出让金，土地使用者并可以请求违约赔偿。

第十八条 土地使用者需要改变土地使用权出让合同约定的土地用途的，必须取得出让方和市、县人民政府城市规划行政主管部门的同意，签订土地使用权出让合同变更协议或者重新签订土地使用权出让合同，相应调整土地使用权出让金。

第十九条 土地使用权出让金应当全部上缴财政，列入预算，用于城市基础设施建设和土地开发。土地使用权出让金上缴和使用的具体办法由国务院规定。

第二十条 国家对土地使用者依法取得的土地使用权，在出让合同约定的使用年限届满前不收回；在特殊情况下，根据社会公共利益的需要，可以依照法律程序提前收回，并根据土地使用者使用土地的实际年限和开发土地的实际情况给予相应的补偿。

第二十一条 土地使用权因土地灭失而终止。

第二十二条 土地使用权出让合同约定的使用年限届满，土地使用者需要继续使用土地的，应当至迟于届满前一年申请续期，除根据社会公共利益需要收回该幅土地的，应当予以批准。经批准准予续期的，应当重新签订土地使用权出让合同，依照规定支付土地使用权出让金。

土地使用权出让合同约定的使用年限届满，土地使用者未申请续期或者虽申请续期但依照前款规定未获批准的，土地使用权由国家无偿收回。

第二节 土地使用权划拨

第二十三条 土地使用权划拨，是指县级以上人民政府依法批准，在土地使用者缴纳补偿、安置等费用后将该幅土地交付其使用，或者将土地使用权无偿交付给土地使用者使用的行为。

依照本法规定以划拨方式取得土地使用权的，除法律、行政法规另有规定外，没有使用期限的限制。

第二十四条 下列建设用地的土地使用权，确属必需的，可以由县级以上人民政府依法批准划拨：

（一）国家机关用地和军事用地；

（二）城市基础设施用地和公益事业用地；

（三）国家重点扶持的能源、交通、水利等项目用地；

（四）法律、行政法规规定的其他用地。

第三章 房地产开发

第二十五条 房地产开发必须严格执行城市规划，按照经济效益、社会效益、环境效益相统一的原则，实行全面规划、合理布局、综合开发、配套建设。

第二十六条 以出让方式取得土地使用权进行房地产开发的，必须按照土地使用权出让合同约定的土地用途、动工开发期限开发土地。超过出让合同约定的动工开发日期满一年未动工开发的，可以征收相当于土地使用权出让金百分之二十以下的土地闲置费；满二年未动工开发的，可以无偿收回土地使用权；但是，因不可抗力或者政府、政府有关部门的行为或者动工开发必需的前期工作造成动工开发迟延的除外。

第二十七条 房地产开发项目的设计、施工，必须符合国家的有关标准和规范。

房地产开发项目竣工，经验收合格后，方可交付使用。

第二十八条 依法取得的土地使用权，可以依照本法和有关法律、行政法规的规定，作价入股，合资、合作开发经营房地产。

第二十九条 国家采取税收等方面的优惠措施鼓励和扶持房地产开发企业开发建设居民住宅。

第三十条 房地产开发企业是以营利为目的，从事房地产开发和经营的企业。设立房地产开发企业，应当具备下列条件：

（一）有自己的名称和组织机构；

（二）有固定的经营场所；

（三）有符合国务院规定的注册资本；

（四）有足够的专业技术人员；

（五）法律、行政法规规定的其他条件。

设立房地产开发企业，应当向工商行政管理部门申请设立登记。工商行政管理部门对符合本法规定条件的，应当予以登记，发给营业执照；对不符合本法规定条件的，不予登记。

设立有限责任公司、股份有限公司，从事房地产开发经营的，还应当执行公司法的有关规定。

房地产开发企业在领取营业执照后的一个月内，应当到登记机关所在地的县级以上地方人民政府规定的部门备案。

第三十一条 房地产开发企业的注册资本与投资总额的比例应当符合国家有关规定。

房地产开发企业分期开发房地产的，分期投资额应当与项目规模相适应，并按照土地使用权出让合同的约定，按期投入资金，用于项目建设。

第四章　房地产交易

第一节　一般规定

第三十二条　房地产转让、抵押时，房屋的所有权和该房屋占用范围内的土地使用权同时转让、抵押。

第三十三条　基准地价、标定地价和各类房屋的重置价格应当定期确定并公布。具体办法由国务院规定。

第三十四条　国家实行房地产价格评估制度。

房地产价格评估，应当遵循公正、公平、公开的原则，按照国家规定的技术标准和评估程序，以基准地价、标定地价和各类房屋的重置价格为基础，参照当地的市场价格进行评估。

第三十五条　国家实行房地产成交价格申报制度。

房地产权利人转让房地产，应当向县级以上地方人民政府规定的部门如实申报成交价，不得瞒报或者作不实的申报。

第三十六条　房地产转让、抵押，当事人应当依照本法第五章的规定办理权属登记。

第二节　房地产转让

第三十七条　房地产转让，是指房地产权利人通过买卖、赠与或者其他合法方式将其房地产转移给他人的行为。

第三十八条　下列房地产，不得转让：

（一）以出让方式取得土地使用权的，不符合本法第三十九条规定的条件的；

（二）司法机关和行政机关依法裁定、决定查封或者以其他形式限制房地产权利的；

（三）依法收回土地使用权的；

（四）共有房地产，未经其他共有人书面同意的；

（五）权属有争议的；

（六）未依法登记领取权属证书的；

（七）法律、行政法规规定禁止转让的其他情形。

第三十九条　以出让方式取得土地使用权的，转让房地产时，应当符合下列条件：

（一）按照出让合同约定已经支付全部土地使用权出让金，并取得土地使用权证书；

（二）按照出让合同约定进行投资开发，属于房屋建设工程的，完成开发投资总额的百分之二十五以上，属于成片开发土地的，形成工业用地或者其他建设用地条件。

转让房地产时房屋已经建成的，还应当持有房屋所有权证书。

第四十条　以划拨方式取得土地使用权的，转让房地产时，应当按照国务院规定，报有批准权的人民政府审批。有批准权的人民政府准予转让的，应当由受让方办理土地使用权出让手续，并依照国家有关规定缴纳土地使用权出让金。

以划拨方式取得土地使用权的，转让房地产报批时，有批准权的人民政府按照国务院规定决定可以不办理土地使用权出让手续的，转让方应当按照国务院规定将转让房地产所获收益中的土地收益上缴国家或者作其他处理。

第四十一条 房地产转让，应当签订书面转让合同，合同中应当载明土地使用权取得的方式。

第四十二条 房地产转让时，土地使用权出让合同载明的权利、义务随之转移。

第四十三条 以出让方式取得土地使用权的，转让房地产后，其土地使用权的使用年限为原土地使用权出让合同约定的使用年限减去原土地使用者已经使用年限后的剩余年限。

第四十四条 以出让方式取得土地使用权的，转让房地产后，受让人改变原土地使用权出让合同约定的土地用途的，必须取得原出让方和市、县人民政府城市规划行政主管部门的同意，签订土地使用权出让合同变更协议或者重新签订土地使用权出让合同，相应调整土地使用权出让金。

第四十五条 商品房预售，应当符合下列条件：

（一）已交付全部土地使用权出让金，取得土地使用权证书；

（二）持有建设工程规划许可证；

（三）按提供预售的商品房计算，投入开发建设的资金达到工程建设总投资的百分之二十五以上，并已经确定施工进度和竣工交付日期；

（四）向县级以上人民政府房产管理部门办理预售登记，取得商品房预售许可证明。

商品房预售人应当按照国家有关规定将预售合同报县级以上人民政府房产管理部门和土地管理部门登记备案。

商品房预售所得款项，必须用于有关的工程建设。

第四十六条 商品房预售的，商品房预购人将购买的未竣工的预售商品房再行转让的问题，由国务院规定。

第三节 房地产抵押

第四十七条 房地产抵押，是指抵押人以其合法的房地产以不转移占有的方式向抵押权人提供债务履行担保的行为。债务人不履行债务时，抵押权人有权依法以抵押的房地产拍卖所得的价款优先受偿。

第四十八条 依法取得的房屋所有权连同该房屋占用范围内的土地使用权，可以设定抵押权。

以出让方式取得的土地使用权，可以设定抵押权。

第四十九条　房地产抵押，应当凭土地使用权证书、房屋所有权证书办理。

第五十条　房地产抵押，抵押人和抵押权人应当签订书面抵押合同。

第五十一条　设定房地产抵押权的土地使用权是以划拨方式取得的，依法拍卖该房地产后，应当从拍卖所得的价款中缴纳相当于应缴纳的土地使用权出让金的款额后，抵押权人方可优先受偿。

第五十二条　房地产抵押合同签订后，土地上新增的房屋不属于抵押财产。需要拍卖该抵押的房地产时，可以依法将土地上新增的房屋与抵押财产一同拍卖，但对拍卖新增房屋所得，抵押权人无权优先受偿。

第四节　房屋租赁

第五十三条　房屋租赁，是指房屋所有权人作为出租人将其房屋出租给承租人使用，由承租人向出租人支付租金的行为。

第五十四条　房屋租赁，出租人和承租人应当签订书面租赁合同，约定租赁期限、租赁用途、租赁价格、修缮责任等条款，以及双方的其他权利和义务，并向房产管理部门登记备案。

第五十五条　住宅用房的租赁，应当执行国家和房屋所在城市人民政府规定的租赁政策。租用房屋从事生产、经营活动的，由租赁双方协商议定租金和其他租赁条款。

第五十六条　以营利为目的，房屋所有权人将以划拨方式取得使用权的国有土地上建成的房屋出租的，应当将租金中所含土地收益上缴国家。具体办法由国务院规定。

5. 国有土地上房屋征收条例

《国有土地上房屋征收与补偿条例》是为规范国有土地上房屋征收与补偿活动、维护公共利益、保障被征收房屋所有权人的合法权益制定，由国务院于 2011 年 1 月 21 日发布，自公布之日起施行。其中，与不动产法律关联性较高的条款主要有：

第一章　总则

第一条　为了规范国有土地上房屋征收与补偿活动，维护公共利益，保障被征收房屋所有权人的合法权益，制定本条例。

第二条　为了公共利益的需要，征收国有土地上单位、个人的房屋，应当对被征收房屋所有权人（以下称被征收人）给予公平补偿。

第三章　补偿

第十七条　作出房屋征收决定的市、县级人民政府对被征收人给予的补偿包括：

（一）被征收房屋价值的补偿；

（二）因征收房屋造成的搬迁、临时安置的补偿；

（三）因征收房屋造成的停产停业损失的补偿。

市、县级人民政府应当制定补助和奖励办法，对被征收人给予补助和奖励。

第十八条 征收个人住宅，被征收人符合住房保障条件的，作出房屋征收决定的市、县级人民政府应当优先给予住房保障。具体办法由省、自治区、直辖市制定。

第十九条 对被征收房屋价值的补偿，不得低于房屋征收决定公告之日被征收房屋类似房地产的市场价格。被征收房屋的价值，由具有相应资质的房地产价格评估机构按照房屋征收评估办法评估确定。

对评估确定的被征收房屋价值有异议的，可以向房地产价格评估机构申请复核评估。对复核结果有异议的，可以向房地产价格评估专家委员会申请鉴定。房屋征收评估办法由国务院住房城乡建设主管部门制定，制定过程中，应当向社会公开征求意见。

第二十条 房地产价格评估机构由被征收人协商选定；协商不成的，通过多数决定、随机选定等方式确定，具体办法由省、自治区、直辖市制定。房地产价格评估机构应当独立、客观、公正地开展房屋征收评估工作，任何单位和个人不得干预。

第二十一条 被征收人可以选择货币补偿，也可以选择房屋产权调换。

被征收人选择房屋产权调换的，市、县级人民政府应当提供用于产权调换的房屋，并与被征收人计算、结清被征收房屋价值与用于产权调换房屋价值的差价。

因旧城区改建征收个人住宅，被征收人选择在改建地段进行房屋产权调换的，作出房屋征收决定的市、县级人民政府应当提供改建地段或者就近地段的房屋。

第二十二条 因征收房屋造成搬迁的，房屋征收部门应当向被征收人支付搬迁费；选择房屋产权调换的，产权调换房屋交付前，房屋征收部门应当向被征收人支付临时安置费或者提供周转用房。

第二十三条 对因征收房屋造成停产停业损失的补偿，根据房屋被征收前的效益、停产停业期限等因素确定。具体办法由省、自治区、直辖市制定。

第二十四条 市、县级人民政府及其有关部门应当依法加强对建设活动的监督管理，对违反城乡规划进行建设的，依法予以处理。

市、县级人民政府作出房屋征收决定前，应当组织有关部门依法对征收范围内未经登记的建筑进行调查、认定和处理。对认定为合法建筑和未超过批准期限的临时建筑的，应当给予补偿；对认定为违法建筑和超过批准期限的临时建筑的，不予补偿。

第二十五条 房屋征收部门与被征收人依照本条例的规定，就补偿方式、补偿金额和支付期限、用于产权调换房屋的地点和面积、搬迁费、临时安置费或者周转用房、停产停业损失、搬迁期限、过渡方式和过渡期限等事项，订立补偿协议。

补偿协议订立后，一方当事人不履行补偿协议约定的义务的，另一方当事人可以依法提起诉讼。

第二十六条　房屋征收部门与被征收人在征收补偿方案确定的签约期限内达不成补偿协议，或者被征收房屋所有权人不明确的，由房屋征收部门报请作出房屋征收决定的市、县级人民政府依照本条例的规定，按照征收补偿方案作出补偿决定，并在房屋征收范围内予以公告。

补偿决定应当公平，包括本条例第二十五条第一款规定的有关补偿协议的事项。被征收人对补偿决定不服的，可以依法申请行政复议，也可以依法提起行政诉讼。

第二十七条　实施房屋征收应当先补偿、后搬迁。作出房屋征收决定的市、县级人民政府对被征收人给予补偿后，被征收人应当在补偿协议约定或者补偿决定确定的搬迁期限内完成搬迁。

任何单位和个人不得采取暴力、威胁或者违反规定中断供水、供热、供气、供电和道路通行等非法方式迫使被征收人搬迁。禁止建设单位参与搬迁活动。

第二十八条　被征收人在法定期限内不申请行政复议或者不提起行政诉讼，在补偿决定规定的期限内又不搬迁的，由作出房屋征收决定的市、县级人民政府依法申请人民法院强制执行。强制执行申请书应当附具补偿金额和专户存储账号、产权调换房屋和周转用房的地点和面积等材料。

第二十九条　房屋征收部门应当依法建立房屋征收补偿档案，并将分户补偿情况在房屋征收范围内向被征收人公布。审计机关应当加强对征收补偿费用管理和使用情况的监督，并公布审计结果。

6. 行政法

6.1　行政许可法

《中华人民共和国行政许可法》由中华人民共和国第十届全国人民代表大会常务委员会第四次会议于 2003 年 8 月 27 日通过，现予公布，自 2004 年 7 月 1 日起施行。其中，与不动产法律关联性较高的条款主要有：

第十二条　下列事项可以设定行政许可：

（一）直接涉及国家安全、公共安全、经济宏观调控、生态环境保护以及直接关系人身健康、生命财产安全等特定活动，需要按照法定条件予以批准的事项；

（二）有限自然资源开发利用、公共资源配置以及直接关系公共利益的特定行业的市场准入等，需要赋予特定权利的事项；

（三）提供公众服务并且直接关系公共利益的职业、行业，需要确定具备特殊信誉、特殊条件或者特殊技能等资格、资质的事项；

（四）直接关系公共安全、人身健康、生命财产安全的重要设备、设施、产品、物品，需要按照技术标准、技术规范，通过检验、检测、检疫等方式进行审定的事项；

（五）企业或者其他组织的设立等，需要确定主体资格的事项；

（六）法律、行政法规规定可以设定行政许可的其他事项。

第四十六条　法律、法规、规章规定实施行政许可应当听证的事项，或者行政机关认为需要听证的其他涉及公共利益的重大行政许可事项，行政机关应当向社会公告，并举行听证。

第四十七条　行政许可直接涉及申请人与他人之间重大利益关系的，行政机关在作出行政许可决定前，应当告知申请人、利害关系人享有要求听证的权利；申请人、利害关系人在被告知听证权利之日起五日内提出听证申请的，行政机关应当在二十日内组织听证。

申请人、利害关系人不承担行政机关组织听证的费用。

第四十八条　听证按照下列程序进行：

（一）行政机关应当于举行听证的七日前将举行听证的时间、地点通知申请人、利害关系人，必要时予以公告；

（二）听证应当公开举行；

（三）行政机关应当指定审查该行政许可申请的工作人员以外的人员为听证主持人，申请人、利害关系人认为主持人与该行政许可事项有直接利害关系的，有权申请回避；

（四）举行听证时，审查该行政许可申请的工作人员应当提供审查意见的证据、理由，申请人、利害关系人可以提出证据，并进行申辩和质证；

（五）听证应当制作笔录，听证笔录应当交听证参加人确认无误后签字或者盖章。

行政机关应当根据听证笔录，作出行政许可决定。

第五十三条　实施本法第十二条第二项所列事项的行政许可的，行政机关应当通过招标、拍卖等公平竞争的方式作出决定。但是，法律、行政法规另有规定的，依照其规定。

行政机关通过招标、拍卖等方式作出行政许可决定的具体程序，依照有关法律、行政法规的规定。

行政机关按照招标、拍卖程序确定中标人、买受人后，应当作出准予行政许可的决定，并依法向中标人、买受人颁发行政许可证件。

行政机关违反本条规定，不采用招标、拍卖方式，或者违反招标、拍卖程序，损害申请人合法权益的，申请人可以依法申请行政复议或者提起行政诉讼。

6.2　行政强制法

《中华人民共和国行政强制法》由中华人民共和国第十一届全国人民代表大会常务委员会第二十一次会议于 2011 年 6 月 30 日通过，自 2012 年 1 月 1 日起施行。其中，与不动产法律关联性较高的条款主要有：

第一条　为了规范行政强制的设定和实施，保障和监督行政机关依法履行职责，维护公共利益和社会秩序，保护公民、法人和其他组织的合法权益，根据宪法，制定本法。

第二条　本法所称行政强制，包括行政强制措施和行政强制执行。

行政强制措施，是指行政机关在行政管理过程中，为制止违法行为、防止证据损毁、避免危害发生、控制危险扩大等情形，依法对公民的人身自由实施暂时性限制，或者对公民、法人或者其他组织的财物实施暂时性控制的行为。

行政强制执行，是指行政机关或者行政机关申请人民法院，对不履行行政决定的公民、法人或者其他组织，依法强制履行义务的行为。

第十二条　行政强制执行的方式：

（一）加处罚款或者滞纳金；

（二）划拨存款、汇款；

（三）拍卖或者依法处理查封、扣押的场所、设施或者财物；

（四）排除妨碍、恢复原状；

（五）代履行；

（六）其他强制执行方式。

第十三条　行政强制执行由法律设定。

法律没有规定行政机关强制执行的，作出行政决定的行政机关应当申请人民法院强制执行。

第十四条　起草法律草案、法规草案，拟设定行政强制的，起草单位应当采取听证会、论证会等形式听取意见，并向制定机关说明设定该行政强制的必要性、可能产生的影响以及听取和采纳意见的情况。

第十五条　行政强制的设定机关应当定期对其设定的行政强制进行评价，并对不适当的行政强制及时予以修改或者废止。

行政强制的实施机关可以对已设定的行政强制的实施情况及存在的必要性适时进行评价，并将意见报告该行政强制的设定机关。

公民、法人或者其他组织可以向行政强制的设定机关和实施机关就行政强制的设定和实施提出意见和建议。有关机关应当认真研究论证，并以适当方式予以反馈。

6.3 行政处罚法

《中华人民共和国行政处罚法》于 1996 年 3 月 17 日由第八届全国人民代表大会第四次会议通过，自 1996 年 10 月 1 日起施行。其中，与不动产法律关联性较高的条款主要有：

第八条 行政处罚的种类：

（一）警告；

（二）罚款；

（三）没收违法所得、没收非法财物；

（四）责令停产停业；

（五）暂扣或者吊销许可证、暂扣或者吊销执照；

（六）行政拘留；

（七）法律、行政法规规定的其他行政处罚。

第九条 法律可以设定各种行政处罚。

限制人身自由的行政处罚，只能由法律设定。

第十条 行政法规可以设定除限制人身自由以外的行政处罚。

法律对违法行为已经作出行政处罚规定，行政法规需要作出具体规定的，必须在法律规定的给予行政处罚的行为、种类和幅度的范围内规定。

6.4 行政复议法

《中华人民共和国行政复议法》于 1999 年 4 月 29 日由第九届全国人民代表大会常务委员会第九次会议通过，自 1999 年 10 月 1 日起施行，根据 2009 年 8 月 27 日第十一届全国人民代表大会常务委员会第十次会议通过的《全国人民代表大会常务委员会关于修改部分法律的决定》修正。其中，与不动产法律关联性较高的条款主要有：

第一条 为了防止和纠正违法的或者不当的具体行政行为，保护公民、法人和其他组织的合法权益，保障和监督行政机关依法行使职权，根据宪法，制定本法。

第二条 公民、法人或者其他组织认为具体行政行为侵犯其合法权益，向行政机关提出行政复议申请，行政机关受理行政复议申请、作出行政复议决定，适用本法。

第三条　依照本法履行行政复议职责的行政机关是行政复议机关。行政复议机关负责法制工作的机构具体办理行政复议事项，履行下列职责：

（一）受理行政复议申请；

（二）向有关组织和人员调查取证，查阅文件和资料；

（三）审查申请行政复议的具体行政行为是否合法与适当，拟订行政复议决定；

（四）处理或者转送对本法第七条所列有关规定的审查申请；

（五）对行政机关违反本法规定的行为依照规定的权限和程序提出处理建议；

（六）办理因不服行政复议决定提起行政诉讼的应诉事项；

（七）法律、法规规定的其他职责。

第四条　行政复议机关履行行政复议职责，应当遵循合法、公正、公开、及时、便民的原则，坚持有错必纠，保障法律、法规的正确实施。

第五条　公民、法人或者其他组织对行政复议决定不服的，可以依照行政诉讼法的规定向人民法院提起行政诉讼，但是法律规定行政复议决定为最终裁决的除外。

第二章　行政复议范围

第六条　有下列情形之一的，公民、法人或者其他组织可以依照本法申请行政复议：

（一）对行政机关作出的警告、罚款、没收违法所得、没收非法财物、责令停产停业、暂扣或者吊销许可证、暂扣或者吊销执照、行政拘留等行政处罚决定不服的；

（二）对行政机关作出的限制人身自由或者查封、扣押、冻结财产等行政强制措施决定不服的；

（三）对行政机关作出的有关许可证、执照、资质证、资格证等证书变更、中止、撤销的决定不服的；

（四）对行政机关作出的关于确认土地、矿藏、水流、森林、山岭、草原、荒地、滩涂、海域等自然资源的所有权或者使用权的决定不服的；

（五）认为行政机关侵犯合法的经营自主权的；

（六）认为行政机关变更或者废止农业承包合同，侵犯其合法权益的；

（七）认为行政机关违法集资、征收财物、摊派费用或者违法要求履行其他义务的；

（八）认为符合法定条件，申请行政机关颁发许可证、执照、资质证、资格证等证书，或者申请行政机关审批、登记有关事项，行政机关没有依法办理的；

（九）申请行政机关履行保护人身权利、财产权利、受教育权利的法定职责，行政机关没有依法履行的；

（十）申请行政机关依法发放抚恤金、社会保险金或者最低生活保障费，行政机关没有依法发放的；

（十一）认为行政机关的其他具体行政行为侵犯其合法权益的。

第七条 公民、法人或者其他组织认为行政机关的具体行政行为所依据的下列规定不合法，在对具体行政行为申请行政复议时，可以一并向行政复议机关提出对该规定的审查申请：

（一）国务院部门的规定；

（二）县级以上地方各级人民政府及其工作部门的规定；

（三）乡、镇人民政府的规定。

前款所列规定不含国务院部、委员会规章和地方人民政府规章。规章的审查依照法律、行政法规办理。

第十三条 对地方各级人民政府的具体行政行为不服的，向上一级地方人民政府申请行政复议。

对省、自治区人民政府依法设立的派出机关所属的县级地方人民政府的具体行政行为不服的，向该派出机关申请行政复议。

第十四条 对国务院部门或者省、自治区、直辖市人民政府的具体行政行为不服的，向作出该具体行政行为的国务院部门或者省、自治区、直辖市人民政府申请行政复议。对行政复议决定不服的，可以向人民法院提起行政诉讼；也可以向国务院申请裁决，国务院依照本法的规定作出最终裁决。

第十五条 对本法第十二条、第十三条、第十四条规定以外的其他行政机关、组织的具体行政行为不服的，按照下列规定申请行政复议：

（一）对县级以上地方人民政府依法设立的派出机关的具体行政行为不服的，向设立该派出机关的人民政府申请行政复议；

（二）对政府工作部门依法设立的派出机构依照法律、法规或者规章规定，以自己的名义作出的具体行政行为不服的，向设立该派出机构的部门或者该部门的本级地方人民政府申请行政复议；

（三）对法律、法规授权的组织的具体行政行为不服的，分别向直接管理该组织的地方人民政府、地方人民政府工作部门或者国务院部门申请行政复议；

（四）对两个或者两个以上行政机关以共同的名义作出的具体行政行为不服的，向其共同上一级行政机关申请行政复议；

（五）对被撤销的行政机关在撤销前所作出的具体行政行为不服的，向继续行使其职权的行政机关的上一级行政机关申请行政复议。

有前款所列情形之一的，申请人也可以向具体行政行为发生地的县级地方人民政府提出行政复议申请，由接受申请的县级地方人民政府依照本法第十八条的规定办理。

第十六条　公民、法人或者其他组织申请行政复议，行政复议机关已经依法受理的，或者法律、法规规定应当先向行政复议机关申请行政复议、对行政复议决定不服再向人民法院提起行政诉讼的，在法定行政复议期限内不得向人民法院提起行政诉讼。

公民、法人或者其他组织向人民法院提起行政诉讼，人民法院已经依法受理的，不得申请行政复议。

第四章　行政复议受理

第十七条　行政复议机关收到行政复议申请后，应当在五日内进行审查，对不符合本法规定的行政复议申请，决定不予受理，并书面告知申请人；对符合本法规定，但是不属于本机关受理的行政复议申请，应当告知申请人向有关行政复议机关提出。

除前款规定外，行政复议申请自行政复议机关负责法制工作的机构收到之日起即为受理。

第十八条　依照本法第十五条第二款的规定接受行政复议申请的县级地方人民政府，对依照本法第十五条第一款的规定属于其他行政复议机关受理的行政复议申请，应当自接到该行政复议申请之日起七日内，转送有关行政复议机关，并告知申请人。接受转送的行政复议机关应当依照本法第十七条的规定办理。

第十九条　法律、法规规定应当先向行政复议机关申请行政复议、对行政复议决定不服再向人民法院提起行政诉讼的，行政复议机关决定不予受理或者受理后超过行政复议期限不作答复的，公民、法人或者其他组织可以自收到不予受理决定书之日起或者行政复议期满之日起十五日内，依法向人民法院提起行政诉讼。

第二十条　公民、法人或者其他组织依法提出行政复议申请，行政复议机关无正当理由不予受理的，上级行政机关应当责令其受理；必要时，上级行政机关也可以直接受理。

第二十一条　行政复议期间具体行政行为不停止执行；但是，有下列情形之一的，可以停止执行：

（一）被申请人认为需要停止执行的；

（二）行政复议机关认为需要停止执行的；

（三）申请人申请停止执行，行政复议机关认为其要求合理，决定停止执行的；

（四）法律规定停止执行的。

第五章　行政复议决定

第二十六条　申请人在申请行政复议时，一并提出对本法第七条所列有关规定的审查申请的，行政复议机关对该规定有权处理的，应当在三十日内依法处理；无权处理的，应当在七日内按照法定程序转送有权处理的行政机关依法处理，有权处理的行政机关应当在六十日内依法处理。处理期间，中止对具体行政行为的审查。

第二十七条　行政复议机关在对被申请人作出的具体行政行为进行审查时，认为其依据不合法，本机关有权处理的，应当在三十日内依法处理；无权处理的，应当在七日内按照法定程序转送有权处理的国家机关依法处理。处理期间，中止对具体行政行为的审查。

第二十八条　行政复议机关负责法制工作的机构应当对被申请人作出的具体行政行为进行审查，提出意见，经行政复议机关的负责人同意或者集体讨论通过后，按照下列规定作出行政复议决定：

（一）具体行政行为认定事实清楚，证据确凿，适用依据正确，程序合法，内容适当的，决定维持；

（二）被申请人不履行法定职责的，决定其在一定期限内履行；

（三）具体行政行为有下列情形之一的，决定撤销、变更或者确认该具体行政行为违法；决定撤销或者确认该具体行政行为违法的，可以责令被申请人在一定期限内重新作出具体行政行为：1.主要事实不清、证据不足的；2.适用依据错误的；3.违反法定程序的；4.超越或者滥用职权的；5.具体行政行为明显不当的。

（四）被申请人不按照本法第二十三条的规定提出书面答复、提交当初作出具体行政行为的证据、依据和其他有关材料的，视为该具体行政行为没有证据、依据，决定撤销该具体行政行为。

行政复议机关责令被申请人重新作出具体行政行为的，被申请人不得以同一的事实和理由作出与原具体行政行为相同或者基本相同的具体行政行为。

第二十九条　申请人在申请行政复议时可以一并提出行政赔偿请求，行政复议机关对符合国家赔偿法的有关规定应当给予赔偿的，在决定撤销、变更具体行政行为或者确认具体行政行为违法时，应当同时决定被申请人依法给予赔偿。

申请人在申请行政复议时没有提出行政赔偿请求的，行政复议机关在依法决定撤销或者变更罚款，撤销违法集资、没收财物、征收财物、摊派费用以及对财产的查封、扣押、冻结等具体行政行为时，应当同时责令被申请人返还财产，解除对财产的查封、扣押、冻结措施，或者赔偿相应的价款。

第三十条　公民、法人或者其他组织认为行政机关的具体行政行为侵犯其已经依法取得的土地、矿藏、水流、森林、山岭、草原、荒地、滩涂、海域等自然资源的所有权或者使用权的，应当先申请行政复议；对行政复议决定不服的，可以依法向人民法院提起行政诉讼。

根据国务院或者省、自治区、直辖市人民政府对行政区划的勘定、调整或者征收土地的决定，省、自治区、直辖市人民政府确认土地、矿藏、水流、森林、山岭、草原、荒地、滩涂、海域等自然资源的所有权或者使用权的行政复议决定为最终裁决。

第三十一条　行政复议机关应当自受理申请之日起六十日内作出行政复议决定；但是法律规定的行政复议期限少于六十日的除外。情况复杂，不能在规定期限内作出行政复议决定的，经行政复议机关的负责人批准，可以适当延长，并告知申请人和被申请人；但是延长期限最多不超过三十日。

行政复议机关作出行政复议决定，应当制作行政复议决定书，并加盖印章。行政复议决定书一经送达，即发生法律效力。

第三十二条　被申请人应当履行行政复议决定。被申请人不履行或者无正当理由拖延履行行政复议决定的，行政复议机关或者有关上级行政机关应当责令其限期履行。

第三十三条　申请人逾期不起诉又不履行行政复议决定的，或者不履行最终裁决的行政复议决定的，按照下列规定分别处理：

（一）维持具体行政行为的行政复议决定，由作出具体行政行为的行政机关依法强制执行，或者申请人民法院强制执行；

（二）变更具体行政行为的行政复议决定，由行政复议机关依法强制执行，或者申请人民法院强制执行。

6.5　行政诉讼法

《中华人民共和国行政诉讼法》于1989年4月4日由第七届全国人民代表大会第二次会议通过，根据2014年11月1日第十二届全国人民代表大会常务委员会第十一次会议《关于修改〈中华人民共和国行政诉讼法〉的决定》修正。其中，与不动产法律关联性较高的条款主要有：

第二章　受案范围

第十二条　人民法院受理公民、法人或者其他组织提起的下列诉讼：

（一）对行政拘留、暂扣或者吊销许可证和执照、责令停产停业、没收违法所得、没收非法财物、罚款、警告等行政处罚不服的；

（二）对限制人身自由或者对财产的查封、扣押、冻结等行政强制措施和行政强制执行不服的；

（三）申请行政许可，行政机关拒绝或者在法定期限内不予答复，或者对行政机关作出的有关行政许可的其他决定不服的；

（四）对行政机关作出的关于确认土地、矿藏、水流、森林、山岭、草原、荒地、滩涂、海域等自然资源的所有权或者使用权的决定不服的；

（五）对征收、征用决定及其补偿决定不服的；

（六）申请行政机关履行保护人身权、财产权等合法权益的法定职责，行政机关拒绝履行或者不予答复的；

（七）认为行政机关侵犯其经营自主权或者农村土地承包经营权、农村土地经营权的；

（八）认为行政机关滥用行政权力排除或者限制竞争的；

（九）认为行政机关违法集资、摊派费用或者违法要求履行其他义务的；

（十）认为行政机关没有依法支付抚恤金、最低生活保障待遇或者社会保险待遇的；

（十一）认为行政机关不依法履行、未按照约定履行或者违法变更、解除政府特许经营协议、土地房屋征收补偿协议等协议的；

（十二）认为行政机关侵犯其他人身权、财产权等合法权益的。

除前款规定外，人民法院受理法律、法规规定可以提起诉讼的其他行政案件。

第二十条 因不动产提起的行政诉讼，由不动产所在地人民法院管辖。

第二十六条 公民、法人或者其他组织直接向人民法院提起诉讼的，作出行政行为的行政机关是被告。

经复议的案件，复议机关决定维持原行政行为的，作出原行政行为的行政机关和复议机关是共同被告；复议机关改变原行政行为的，复议机关是被告。

复议机关在法定期限内未作出复议决定，公民、法人或者其他组织起诉原行政行为的，作出原行政行为的行政机关是被告；起诉复议机关不作为的，复议机关是被告。

两个以上行政机关作出同一行政行为的，共同作出行政行为的行政机关是共同被告。

行政机关委托的组织所作的行政行为，委托的行政机关是被告。

行政机关被撤销或者职权变更的，继续行使其职权的行政机关是被告。

第六章 起诉和受理

第四十四条 对属于人民法院受案范围的行政案件，公民、法人或者其他组织可以先向行政机关申请复议，对复议决定不服的，再向人民法院提起诉讼；也可以直接向人民法院提起诉讼。

法律、法规规定应当先向行政机关申请复议，对复议决定不服再向人民法院提起诉讼的，依照法律、法规的规定。

第四十五条　公民、法人或者其他组织不服复议决定的，可以在收到复议决定书之日起十五日内向人民法院提起诉讼。复议机关逾期不作决定的，申请人可以在复议期满之日起十五日内向人民法院提起诉讼。法律另有规定的除外。

第四十六条　公民、法人或者其他组织直接向人民法院提起诉讼的，应当自知道或者应当知道作出行政行为之日起六个月内提出。法律另有规定的除外。

因不动产提起诉讼的案件自行政行为作出之日起超过二十年，其他案件自行政行为作出之日起超过五年提起诉讼的，人民法院不予受理。

第四十七条　公民、法人或者其他组织申请行政机关履行保护其人身权、财产权等合法权益的法定职责，行政机关在接到申请之日起两个月内不履行的，公民、法人或者其他组织可以向人民法院提起诉讼。法律、法规对行政机关履行职责的期限另有规定的，从其规定。公民、法人或者其他组织在紧急情况下请求行政机关履行保护其人身权、财产权等合法权益的法定职责，行政机关不履行的，提起诉讼不受前款规定期限的限制。

第五十三条　公民、法人或者其他组织认为行政行为所依据的国务院部门和地方人民政府及其部门制定的规范性文件不合法，在对行政行为提起诉讼时，可以一并请求对该规范性文件进行审查。

前款规定的规范性文件不含规章。

第六十四条　人民法院在审理行政案件中，经审查认为本法第五十三条规定的规范性文件不合法的，不作为认定行政行为合法的依据，并向制定机关提出处理建议。

7. 其他须重视的法律法规

包括《中华人民共和国城乡规划法》《中华人民共和国土地管理法实施条例》《中华人民共和国农村土地承包法》《不动产登记暂行条例》《不动产登记暂行条例实施细则》等。

主要参考文献

［1］阿弗里德·马歇尔：《经济学原理》，华夏出版社 2005 年版。

［2］柏兰芝：《集体的重构：珠江三角洲地区农村产权制度的演变——以"外嫁女"争议为例》，载于《开放时代》2013 年第 3 期。

［3］保罗·萨缪尔森、威廉·诺德豪斯：《经济学》（第 17 版），人民邮电出版社 2006 年版。

［4］鲍海君、周文章：《征地拆迁领域司法裁判的对接与阻断机制：基于杭州市 300 份判决书的统计分析》，载于《中国土地科学》2016 年第 4 期。

［5］边泰明：《土地使用规划与财产权——理论与实务》，詹氏书局 2003 年版。

［6］雷少华：《美国宪法、国家警察权力与土地管理》，收录于北京大学中国与世界研究中心：《研究报告》，2009 年。

［7］林来梵：《美国宪法判例中的财产权保护——以 Lucas v. South Carolina Coastal Council 为焦点》，载于《浙江社会科学》2003 年第 5 期。

［8］孙海龙、龚德家、李斌：《城市化背景下农村"外嫁女"权益纠纷及其解决机制的思考》，载于《法律适用》2004 年第 3 期。

［9］张鹏、高波：《土地准征收与补偿：土地发展权视角》，载于《南京农业大学学报》（社会科学版）2015 年第 2 期。

［10］张鹏：《从土地征收到土地准征收：原理和政策》，科学出版社 2018 年版。

［11］朱喆：《最复杂的商品：房地产市场分析的理论引进和实证探索》，复旦大学博士学位论文，2005 年。

［12］Abraham Bell, Gideon Parchomovsky, "Taking Compensation on Private", 2006.

［13］Benjamin E. Hermalin, "An Economic Analysis of Takings", *Journal of Law, Economics & Organization*, 1995 (1)：64 - 86.

［14］Daniel R. Mandelker, "Kelo's Lessons for Urban Redevelopment: History Forgotten", *Washington University Law Review*, 2008 (24)：33 - 55.

［15］Ed Nosal, "The Taking of Land: Market Value Compensation Should be Paid", *Journal of Public Economics*, 2001 (82)：431 - 443.

[16] Fischel M. A, *The Economics of Zoning Laws—A Property Rights Approach to American Land Use Controls*, The Johns Hopkins University Press, 1987.

[17] James Boyd, Timothy J. Brennan, "Pluralism and Regulatory Failure: When Should Takings Trigger Compensation?", Discussion Paper 96 – 09, 1996.

[18] Jason A. Winfree, Jill J. McCluskey, "Takings of Development Rights with Asymmetric Information and an Endogenous Probability of an Externality", *Journal of Housing Economics*, 2007 (16): 320 – 333.

[19] Joseph L. Sax, "Takings, Private Property and Public Right", Yale L. J., 1971, 81: 149 – 177.

[20] Rachelle Alterman, "When The Right To Compensation For 'Regulatory Takings' Goes to the extreme: The Case of Isreal", *Washington University Global Studies Law Review*, 2007 (6): 121 – 158.

[21] Robert Innes, "Takings, Compensation, and Equal Treatment for Owners of Developed and Undeveloped Property", *Journal of Law and Economics*, 1997, 40 (2): 403 – 432.

[22] Robert Innes, "The Economics of Takings and Compensation When Land and Its Public Use Value Are in Private Hands", *Land Economics*, 2000, 76 (2): 195 – 212.

[23] Ronald E. Grieson, James R. White, "The Effects of Zoning on Structure and Land Markets", *Journal of Urban Economics*, 1981, 10 (3): 271 – 285.

[24] Steve P. Calandrillo, "Eminent Domain Economics: Should 'Just Compensation' Be Abolished, and Would 'Takings Insurance' Work Instead?", *Ohio State Law Journal*, 1990, 64: 451 – 530.

[25] Timothy J. Riddiough, "The Economic Consequences of Regulatory Taking Risk on Land Value and Development Activity", *Journal of Urban Economics*, 1997 (41): 77 – 100.